U0454409

盛宣怀与近代中国金融和保险

盛承懋 著

武汉大学出版社
WUHAN UNIVERSITY PRESS

图书在版编目(CIP)数据

盛宣怀与近代中国金融和保险/盛承懋著.—武汉:武汉大学出版社,2022.3
ISBN 978-7-307-22862-7

Ⅰ.盛… Ⅱ.盛… Ⅲ.①盛宣怀(1844-1916)—生平事迹 ②金融—经济史—中国—近代 ③保险业—经济史—中国—近代
Ⅳ.①K825.3 ②F832.95 ③F842.9

中国版本图书馆 CIP 数据核字(2022)第 014001 号

责任编辑:聂勇军 责任校对:汪欣怡 版式设计:马 佳

出版发行:**武汉大学出版社** (430072 武昌 珞珈山)
(电子邮箱:cbs22@whu.edu.cn 网址:www.wdp.com.cn)
印刷:武汉中科兴业印务有限公司
开本:720×1000 1/16 印张:14.25 字数:205 千字 插页:2
版次:2022 年 3 月第 1 版 2022 年 3 月第 1 次印刷
ISBN 978-7-307-22862-7 定价:48.00 元

衷心感谢苏州科技大学校友、
江苏吴都建设工程有限公司创办人王磊先生对本书
出版的慷慨资助！

前　　言

　　处于金融、财政大权皆操于外人之手时代的清末实业家盛宣怀怀着实业强国之梦，投身于矿务、轮船、电报、纺织等实业，想从西方列强手中挽回中国人的利权，尽管困难重重，仍然披荆斩棘。

　　甲午战争失败后，他开始意识到，中国社会的变革，不在制度上图变，不在"练兵"即军事上图强，不掌握金融这个经济命脉，中国要走上自强之路，绝无可能。仅仅依靠实业的发展、科学技术的进步是不够的，还必须有制度、军事、金融上的优势，当然这必须仰仗人才的优势。他在极其困难的条件下，率先创办了北洋大学堂和南洋公学（即今天津大学和上海交通大学）。

　　在受清政府重用，督办铁路、接棒汉阳铁厂之时，他反问自己：钱从哪里来？1896年11月12日，盛宣怀提出："今因铁厂不能不办铁路，又因铁路不能不办银行。"他在《条陈自强大计折》中说："银行流通一国之货财，以应上下之求给，比之票号、钱庄要好。英、法、德、俄、日本之银行推行来华，'攘我大利'，近年中外士大夫亦多建开设银行之议。现又举办铁路，造端宏大，中国非急设银行，'无以通华商之气脉，杜洋商之挟持'"，强调了中国人办自己的银行的必要性与迫切性。

　　盛宣怀青年时期在典当、钱庄中得到金融历练，他在创办实业的过程中，屡屡涉及金融与保险的事宜。但是，真正涉足金融与保险，是从他担任轮船招商局会办时开始的。

1873 年在唐廷枢主持下，轮船招商局招股 100 万两股，盛宣怀积极参与了中国最早的招股活动；1877 年轮船招商局确定购买美商旗昌轮船公司，他千方百计为商局融资，使之成为中国近代史上第一个成功的中资企业并购外资企业的案例；1882 年天津电报总局在他主持下，成功上市；1883 年在受世界经济危机引发的中国金融风暴下，他查处了徐润挪用轮船招商局巨款案，并借助金融力量扳倒了胡雪岩；1885年，他以轮船招商局的资金，为朝鲜拟订了贷款 10 万两、架设电报线的方案，这可看做中国历史上最早的一次用于对外基础设施建设的跨国贷款；1886 年 2 月 8 日，他在轮船招商局的基业上，督办仁济和保险公司正式开门营业，并先后将"仁济和"保险资金投资于开平矿务局和机器织布局；1889 年在主持轮船招商局期间，他与广东、台湾商户合股经营内河轮运，中国内河航运业一时大兴。

1887 年 7 月，他在山东登莱青兵备道兼东海关监督任上，就探索办银行、铸钱币事宜。他意识到，仅在实业上与西方列强争一个高低，不从经济的关键处，即金融、保险上与之进行争夺，仍然是不行的。

1897 年 5 月 27 日，由盛宣怀创办的中国通商银行在上海外滩 6 号正式成立。这是中国人自己创办的第一家银行，但比第一家外资银行在上海的设立，已整整落后了 50 年。中国通商银行得以创设，很大程度上依赖于轮船招商局的资金与人才。

中国人尽管有了自己的银行，但是由于势单力薄，在投资铁路、铁厂的时候，仍然处处受到西方列强与日本的挟持。为此，在卢汉铁路(即京汉铁路)建设中盛宣怀坚持"宁可借洋债而不参洋股"，向小国比利时贷款，防止铁路利权被外人操控；在汉阳铁厂、萍乡煤矿以及汉冶萍煤铁厂矿有限公司发展资金的筹措上，他充分利用各国之间的矛盾，采取灵活、变通的策略，以相对较少的代价，从外商获得大量借贷资金。

1901 年 1 月 5 日，盛宣怀受命担任商务大臣会办，1902 年开始参与对外商约谈判。在谈判桌上双方地位悬殊的情况下，他争取促成谈判的双方都做出让步，以尽量减少国家的损失。1908 年他还成功处置了电报局收赎商股一事。

这期间他先后查处、严办了 1903 年由日本造假者引发的近代中国银行史上的首例伪钞案，以及 1904 年通商银行镇江分行金融贪污大案，并促成了 1907 年中国历史上的第一笔华人寿险大赔案。与此同时他积极动员、吸引侨商张振勋对内地投资，支持侨商徐锐到内地创办保险公司，并处置了诸多金融、保险重大事宜。

1911 年春，清政府成立"责任内阁"，5 月 9 日，宣布铁路干线"实行国有"的政策，5 月 20 日，盛宣怀遵旨接办粤汉、川汉铁路，接议英、德、法、美各银行六百万镑借款合同（年息 5 厘、借期 40 年，各银行可以清政府名义发行债券），当日定议签订。然而，这却成了辛亥革命的导火索。

辛亥革命前夕，盛宣怀为稳定上海的金融市场，做了大量的防护性工作，辛亥革命发生后，为配合南京临时政府解决财政困难，他尽了自己的心力。

盛宣怀一生对金融与保险，从知之不多，到逐渐认识，进而全身心投入，以至灵活驾驭、掌控自如，被业界公认为当时中国金融理财的高手。不仅如此，在长期的实践中，他形成了金融理财的一系列思想和主张，关于理财他主张设银行、增税率、改币制；而于币制则主张虚金本位，他的思想与主张至今仍为业界所传颂。当然，处于晚清腐朽没落的政治体制下，他的所作所为，不可能没有局限性，不可能没有当时政治制度的烙印。

当今，发达国家已经形成了"制度+军事+金融"三位一体的竞争实力，其中金融在加速资本的积累和生产的集中，构建世界体系的过程中发挥了重要作用。金融主权、金融竞争力同样成为当今国家构建和国家治理中绕不过去的核心命题之一。

谨以我的新书，献给中国的创新、创业者！献给中国的金融、保险业者！

　　本书在编写与出版过程中得到许多朋友、学者、学生与亲属的关心和鼓励，我的学生江能前先生为本书的顺利出版尽心尽力。特别是，本书的出版得到了苏州科技大学校友、江苏吴都建设工程有限公司创办人王磊先生的慷慨资助，在此一并表示深深的谢意！

盛承懋

2021 年 10 月

目　　录

第一章　中国最早的金融与保险

一、晚清现代与旧式金融机构并存的格局

金融与保险均为现代经济产物，在农耕、农业经济时代，主要是易货和简单的货币流通，根本不存在金融与金融学、保险与保险学的概念。中国人最早接触金融和保险，是从西方的银行与保险公司开始的。

世界上最早的银行是意大利 1407 年在威尼斯成立的银行。其后，荷兰在阿姆斯特丹、德国在汉堡、英国在伦敦也相继设立了银行。18 世纪末至 19 世纪初，银行在欧洲得到了普遍发展。随着经济与金融的发展，保险业也被提上了议事日程，最早于 19 世纪四五十年代，在欧洲与美国就出现了保险公司，如 1846 年进入中国的英国永福人寿保险公司，1850 年成立的美国安泰保险金融集团，都是世界上历史悠久的保险公司。

鸦片战争前，中国除了钱庄、票号等旧式的金融机构外，还没有出现银行。鸦片战争失败后，依据不平等的中英《南京条约》，上海等五个中国东南沿海城市被辟为商埠。上海开埠后的第四年即 1847 年，英国丽如银行率先抢滩上海，外国的银行才开始进入我国。

英国丽如银行的前身为西印度银行，总行设于印度孟买，是英国政府的特许银行。1845 年改名为东方银行，总行迁至英国伦敦，并在香港设立分行。1847 年其在上海设立分行，是上海最早出现的一家银行，

也是我国出现的第一家现代商业银行。丽如是该行在上海的中文名称。早期丽如银行在华的业务活动，主要是汇兑，包括自身买卖汇票和充当供求双方汇票的中介者。1892 年 6 月，丽如银行因总行的营业亏损而在伦敦宣告破产。

丽如银行进入上海后，至 19 世纪 60 年代中期，先后有 10 家外资银行在中国设立分支机构，其中 9 家是英国的。至此，外资银行已在中国站稳了脚跟。在随后的 40 多年中，以英国资本为主导，包括法国、德国、日本、俄国、美国等国资本在内的 20 多家银行陆续在上海登陆。当时，上海堪称全世界最为"自由"的城市，存在多个国家的租界，有着相当宽松的政治经济环境，外国人享有相当大的特权，甚至在进入上海时不需要签证。上述各家外资银行利用上海的有利环境，迅速扩大经营活动，对上海成为金融中心起了极大的推动作用。与此同时，外资保险业也跟着贸易的脚步，踏上了中国各个通商口岸，从沿海进入内地，保险业的中心也由广州转移到上海，英、美、德、日国家的洋行纷纷设立保险机构，对中国的保险业形成了垄断局势，获取了巨额的利润。

当外资银行争先恐后地在上海抢滩、发展的时候，国内的金融业还处于钱庄、票号的状态。像李鸿章、张之洞、盛宣怀等接受西方思想较早的洋务派人士，在 19 世纪 60 年代，对西方传入的银行及其作用，均持有怀疑、观望的态度，他们更多地还是相信与看重中国自己的钱庄与票号这样的金融机构。

1867 年，盛康（盛宣怀的父亲）因其父去世，从湖北盐道的任上返回常州，当时正值太平天国战争结束不久，常州一带难民纷纷返家重建家业，却缺乏资金。时任江苏巡抚的李鸿章是盛康的同年，建议盛康回常州后开几家典当行、钱庄，定可赚钱。一向注重经世致用的盛康，对李鸿章的荐言深信不疑，他本因"丁忧"而闲着，听了李鸿章的意见，遂带着盛宣怀积极筹办此事。

盛康又到苏州与苏州怡园的园主顾文彬商议开办典当行的事宜。顾文彬是盛康在湖北盐道的前任，之后在浙江宁绍台道员任上，盛康"丁忧"之后也被派赴杭州任上，所以他们有许多共同语言。两人商议后又邀请李鸿裔(1851年举人，官至江苏按察使，著名书画家、收藏家、苏州网师园园主)、吴云(1881年生，举人，官至苏州知府，著名画家)等人合伙，在苏州、常熟开办典当行。

1868年7月，盛家与顾文彬等合伙的第一家典当行"济大典"在吴县(今苏州)开张了，没想到生意好得出奇。

尽管外资银行争先恐后地在上海抢滩、发展，而盛宣怀他们的典当、钱庄却办得风生水起，中国其他地区的钱庄、票号也依旧运转自如，这就是晚清那一段时期形成的独有的"现代与旧式金融机构并存的格局"。

二、盛宣怀得到金融历练

典当行刚办的时候，顾文彬还在宁绍台道员任上，盛康也在杭州任上，典当行的日常管理由盛宣怀与顾文彬的儿子顾承负责。经过一段时间之后，典当行的业务逐渐走上正轨，盛宣怀对往来账目以及日常业务搞得一清二楚，而且又在常熟办起了一家典当。但是顾文彬对盛宣怀却不大放心，由于盛宣怀有主见，办事果敢，顾文彬总觉得盛宣怀大权独揽，独断专行，生怕顾家吃了亏。顾文彬在一次给顾承的信中关切地询问儿子："杏荪(指盛宣怀)近日作事如何？所立公账房，大权独揽，能否秉公，他人能查看账否？……"明显对盛宣怀抱有戒备之心。

随着吴县、常熟的典当业务逐渐展开，从1869年(同治八年)起，盛宣怀又先后在江阴(当时江阴属常州府管辖)青阳南弄开设均大典当、江阴西大街开设济美典当、江阴城内南锁巷开设源大典当，拥有资金20万两，时称江阴"盛氏三典"。

1870年(同治九年)下半年，盛宣怀已进入李鸿章幕府，他将主要精力放在李鸿章交办的事务上，吴县、常熟、江阴典当的生意，通过自己委派的人来办理，实际上仍掌控着典当的局面。盛宣怀对店员要求很严，提出四字"勤、谨、廉、谦"，规定"五不"：不准吸烟，不准赌博，不准宿妓，不准在本典当行当衣物，不准私自借用抵押品。如有违反，"查出立辞"。由于经营管理到位，吴县、常熟、江阴的典当业务发展极快。

1874 年(同治十三年)，直隶总督李鸿章为抗击日军，欲购买铁甲船，筹备了巨款。由于铁甲船尚未正式移交，这笔巨款搁置在他那里无法增值，李鸿章就让盛宣怀将天津这笔总计 80 万串(合白银 54 万两)的巨额官款存于苏州的典当行。顾文彬也是典当行的股东，做事谨慎但又怕事，唯恐因战争爆发，盛宣怀所领的天津巨款，立时要提，典当行有崩盘之虞。此外李鸿章准允轮船招商局从直隶练饷局借用官款 20 万串(合白银 13.5 万两)，年息 7 厘，除预缴利息外，实领 18.8 万串，盛宣怀将这些巨款也存于典当行了，并以 1 分或 1.2 分的年息转放获利，顾文彬对此事也很不放心。

盛宣怀从天津领回的巨额官款，由江苏布政使行文，令分存于苏州、常熟的四家典当行。顾文彬深恐这笔官款生变，典当行突遭变故，意欲将股份抽出，"自己立开"，同时让盛康立字据"有祸独当"，济大典当行"交还"顾家，或者由吴云等轮流管理。

他在给顾承的信中说："盛氏连年管当，一味大权独揽，全不与各股东商量。伊家既开钱庄，又开分当，东移西补，处处可占便宜……盛氏目下尚是全盛之时，不至有倒账等事，所有存款陆续收回，谅可无妨。惟如此合伙，终归不妥，俟我归田，另打主意。"[1]

盛宣怀此时任轮船招商局会办，有李鸿章做靠山，"尚是全盛之时"，但是顾文彬终究对与盛氏合伙放心不下，闻听盛康病重，更是忐忑不安。1874 年(同治十三年)农历六月初十，顾指示儿子："旭老(指盛康)忽得重病，恐由自取，年过花甲之人，勤于保养尚虑不及，况不自爱惜耶。此老如有不测，杏荪(指盛宣怀)更靠不住，典务一切亟须

---

① 盛承懋：《盛宣怀与湖北》，武汉大学出版社 2017 年版，第 15 页。

分拆为妙。"

与盛氏父子合股开办典当行，顾文彬忧心忡忡，指示顾承当机立断分开股份，以免受牵连。九天后，他吩咐儿子："旭人(指盛康)病势不轻，大有恒店伙已推托不付，此其拮据情形显而易见。前禀所云，有借去万余两之两典，现已止赎不当，可以陆续归取，如系两济典借出，务嘱思范、朗石趁紧向归。但此两人俱是盛氏心腹，恐其催归不力，应如何责成之处，汝必留心设法。"同日，顾文彬在家书中写道："传闻李相有购买铁甲船之说，所费甚巨，恐杏荪所领天津巨款，立时要提，未知如何应付耳。"①尽管顾文彬对盛宣怀不放心，处处提防着，但是盛宣怀却很坦然，他作为李鸿章的机要秘书，对这些巨款可以存放多长时间、什么时候要动用多少、如遇突发情况如何处置，已经有了准备，因此心里并不紧张。

三、招商局开启了中国最早的招股活动

19世纪六七十年代，随着外国资本的不断渗入，我国沿海一线以及长江内河的航运，几乎全被洋人的铁甲船占领，中国传统的沙船运输已成衰落之势。为了改变这种局势，1872年(同治十一年)，李鸿章首创中国近代最大的民用企业——轮船招商局，分运江苏、浙江漕粮，以利国计民生。其官督商办的做法，打破了晚清洋务企业纯粹官办的格局，首采股份制，此举多为后世称道。

1873年1月14日，轮船招商局正式开始营业。这是洋务运动中由军工企业转向民用企业、由官办转向官督商办的第一家企业。朱其昂制定了《轮船招商局条规》28条。

但是，轮船招商局(以下简称"商局")的资金问题并没有得到有效

---

① 以上参见盛承懋：《盛宣怀与湖北》，武汉大学出版社2017年版，第108页。

轮船招商局原址

解决，商局第一期计划招股 100 万两，但正式开局之后，筹得开办资本仅 18 万余两，其中官款 13 万余两，即商局从户部拨借直隶练饷局存款制钱 20 万串，借款期限为 3 年，年息 7 厘，扣除预缴利息和手续费等，实际收到 18.8 万串。

朱其昂负责招商，试图说服浙江富商胡雪岩带头入股，但是没有得到响应。上海商人担心"官督"之下，商股权利无法得到保障。至 1873年 4 月，朱其昂只筹集到了 1 万两的现款和 10 万两的认购承诺。朱其昂对于经营新式轮船业务也不在行，由他经手购买的 4 艘轮船，"伊敦"号"船大而旧"，"福星"号"舱通而小"，其他 2 艘也不大合用，"而购价反较洋行新造之头等好船尤贵"。① 此外，受官局衙门作风影响，招商局管理不善，滥支浪费的现象十分严重，创办不到半年，商局便已亏损 4 万余两。不改变这一被动的局面，必将如徐润(后任招商局会办)当时向盛宣怀所指出的那样："深恐众商寒心，从此裹足，招商将变为拒商矣。"②

① 参见中国史学会：《中国近代史资料丛刊：洋务运动》，第 6 册，上海人民出版社 1962 年版，第 38 页。
② 见盛档，《徐润致盛宣怀函》，同治十二年七月初七日("盛档"，"盛宣怀档案"简称，后同)。

1873 年 7 月（同治十二年五月初十日），轮船招商官局成立不到半年，李鸿章发布调令，任命唐廷枢为轮船招商局总办，负责招商事宜。9 月 9 日，李鸿章任命 29 岁的盛宣怀出任轮船招商局会办，兼管运漕、揽载事务。

唐廷枢在长期的买办活动中积累了资本主义经营管理的丰富知识和实际经验，而且同商界保持着广泛的联系，本人又饶有资财，到任轮船招商局后，立即抓紧招集商股，以扭转资金困难的局面。唐除了自己投资外，并将自己原先委托外商经营的"南浔""满洲""汉洋""永宁"等号轮船随带入局，还积极招徕亲友投资，其中包括徐润和徐润的亲友。

在轮船招商局招股工作中，唐廷枢与徐润起了决定性的作用，正是由于他们的努力，商局第一期议招股本 100 万两，于 1881 年完成，次年再招新股 100 万两，也于 1883 年完成。

1873 年（同治十二年）农历四月，浙江布政使告诉顾文彬，李鸿章要浙江巡抚杨昌浚参股轮船招商局。顾文彬也被要求入股。顾文彬并不看好轮船招商局的前景，虽然心里不情愿，但是上司的旨令又不能违抗，无可奈何，只得如数参股，寄望苏州有愿意参股者，则将自己的股份转卖给他人。

盛宣怀当时作为轮船招商局的会办，积极参与商局的招股工作，为了实现招集商股的目标，他自己认领了 50 万串商股，分两次从苏州、常熟的典当行中提款。他这一行动，自然引起顾文彬及其他典当合伙人的担心。但是，由于盛宣怀把各人股份名下的账目理得很清，并且承诺"有祸伊一处独当"，减少了各种阻力。实际上，盛宣怀为了减少股东的投资风险，保证轮船招商局能站稳脚跟，在招商的章程里明文写上朝廷官方应保证每年有 40 万担漕粮交轮船局装运的条款。足见盛宣怀对这项投资的来龙去脉、关键之处及可能的风险，已经调查研究得一清二楚了。

1881 年、1883 年轮船招商局两次招股，当时盛宣怀还不是主角，但是却使他对现代金融的投融资、股票等的魅力有了进一步的认识，也初步掌握了招股运作的步骤与方法。

四、创办实业需要金融的支持

顾文彬一直忧虑与盛康、盛宣怀父子合股，怕典当行会出乱子，在他的不懈坚持下，1876 年 1 月 17 日（光绪元年十二月二十一日），典当行终于拆账，顾文彬、李鸿裔、吴云的股份与盛氏分开，济大典成了盛宣怀独资开设的第一家典当。

顾文彬虽对盛宣怀大权独揽不满，但是还是由衷地称道盛宣怀卓越的才干，1874 年（同治十三年）农历十一月十八日，顾文彬在致顾承的家书中赞叹："济兴事仍归杏荪（指盛宣怀）办理，妥当之至。此君虽年轻，而办事居然老辣，子弟有此才干，真可爱也。此事既办妥，现在别无要事，汝正可安心静养。"①

盛康、盛宣怀看出办典当是一种快速的生财之道，于是在常州、南京、江阴、无锡、宜兴、常熟等地，大张旗鼓地开起钱庄、典当来。不到 10 年，盛氏旗下的钱庄、典当有了 20 多家，盛氏私有账号"愚记"的资产高达数百万两白银。办典当要融资，典当业的经营与钱庄是分不开的。盛氏家族于是又集资开起了钱庄。本钱和利润从钱庄流到典当，又从典当流回钱庄。

19 世纪 70 年代，盛宣怀在参与轮船招商局管理的同时，花很大的精力投入湖北的矿务，但是矿务并不顺利，广济煤矿煤质不行，又不适合机器开采，荆门煤矿因资金不足、管理不善，引起地方不满，不得不被裁撤。

尽管盛宣怀对开矿一事全身心投入了，但是李鸿章对盛宣怀的批评并没有轻描淡写，1881 年 8 月 21 日，李鸿章批评盛宣怀"试办武穴煤矿数年，既无丝毫成效，反多累官帑。开采荆煤，未几交金董接手，官

---

① 盛承懋：《盛宣怀与湖北》，武汉大学出版社 2017 年版，第 15 页。

气太重，事不躬亲，一任司事含混滋弊。所运之煤竟买自民间，运赴下游各口出售，攘夺民利，以致怨讟迭兴。荆煤既无可采，应即将该局裁撤"。① 9 月 2 日，盛宣怀在向李鸿章申述试办武穴煤矿不成原因的同时，又向李鸿章禀："湖北矿务开局以来，收支尚不敷钱六千四百二串二百六十七文，统由盛尽数垫赔，历经造具清册详报在案"，② 个人承担起了因办矿不力而造成的经济损失。

朝廷上也有不少官员对盛宣怀予以批评与指责，盛宣怀甚感委屈，1882 春，他与人书："五年艰苦，屡濒于危，十万巨亏，专责莫诿。地利亿万年，暂置之犹可望梅止渴，竟舍之则泼水难收。天理人心，昭昭如揭。原拟俟东海得手，分资派员，先办荆矿，俟煤可供用，而冶炉反掌可成矣。"③

1884 年 4 月下旬，李鸿章下令："转致户部咨文内称：湖北开矿亏折直隶练饷钱十万串，应责成盛一人赔偿，不得以官款生息弥补；又盛经手苏典练钱生息有两笔，一笔减息二厘，一笔不减，难保无掩饰腾挪之弊。"④盛宣怀在湖北开矿所承担的赔偿，几乎将他与父亲盛康在江苏所开设的典当、钱庄十来年的盈利赔个精光。

盛宣怀后来与人谈起湖北矿务的赔偿时说："佺自李傅相奏调十四年，差缺赔累，祖遗田房变卖将罄，众皆知之。今再被此重累，恐欲求吃饭而不能。父年古稀，无田可归。从此，出为负官债之员，入为不肖毁家之子。"⑤关于湖北煤矿亏款，盛宣怀自认赔贴制钱一万串，这样连同垫用制钱六千四百二串二百六十七文，共赔一万六千四百二串二百六十七文。

轮船与矿务，作为盛宣怀办实业起步阶段的两大项目，他全身心地

---

① 盛承懋：《盛宣怀与湖北》，武汉大学出版社 2017 年版，第 63 页。
② 盛承懋：《盛宣怀与湖北》，武汉大学出版社 2017 年版，第 63 页。
③ 参见夏东元：《盛宣怀传》，四川人民出版社 1988 年版，第 479 页。
④ 参见夏东元：《盛宣怀传》，四川人民出版社 1988 年版，第 481 页。
⑤ 参见夏东元：《盛宣怀传》，四川人民出版社 1988 年版，第 482 页。

投入了进去，花去了十年光阴，而矿务一事最后以受弹劾与赔偿告终，这是他没有想到过的。但是，这似乎是一位创新创业者必须承受的。

尽管盛宣怀在湖北办矿务，并不是用他在苏州等地办典当、钱庄里的钱，尽管他办的典当、钱庄，与现代金融机构还有很大的差距，但是典当、钱庄所挣的钱，却为他摆脱湖北矿务所带来的困境，给予了他资金上足够的支撑。这也使得他认识到，金融对创办实业的重要性。此外，典当、钱庄的发展，为他积累了苏州上层社会的关系和人脉，也为他日后创办各项实业及中国通商银行奠定了基础。

五、盛宣怀为并购美商旗昌船产积极融资

1877 年 3 月，轮船招商局收购了美商旗昌轮船公司，这是中国近代史上第一个中资企业成功并购外资企业的案例，也是一个闻名业界的"蛇吞象"的案例。

旗昌洋行由美国人沙墨尔·罗赛尔于 1818 年创办于广州，起名为"刺素洋行"，早期主要从事鸦片航运和贸易。鸦片战争后移师上海，改名为"旗昌洋行"，在外滩 9 号新建了一幢三层楼房，1862 年洋行成立美国旗昌轮船公司。旗昌轮船公司首开长江航运，并在一段时期内垄断了长江航运的业务。

旗昌轮船公司从 1862 年创立起，到 1872 年时，拥有江海轮船 19 艘，总资产达到 332 万两。① 但是自从轮船招商局加入竞争以后，旗昌经营不善，越亏越多，旗昌股票的面值跌掉了百分之三十，股东的红利也大大缩水，迫使它打算退出中国的内河航运业务。

1876 年末，旗昌终于主动通过中介人、瑞生洋行的经理卜加士达与商局徐润接洽，愿以 250 余万两的代价，出售它所拥有的轮船、码

---

① 刘广京：《英美在华航运竞争：1862—1874 年》，上海社会科学院出版社 1988 年版，第 153 页。

头、栈房等全部财产，并试探轮船招商局是否愿意对它进行收购，且以经理人即将更换，时间仓促为借口，希望早日成行。①

可是，当时轮船招商局只有 11 艘轮船在营运，全部资本才 75 万两。负责接洽的徐润考虑到时间紧迫，内心十分着急，于是亲自赶到湖北广济武穴煤矿与盛宣怀商议，请盛宣怀回局想办法。盛宣怀虽然之前与徐存在一些经营分歧，但他对徐润与旗昌的谈判结果"赞许大有见识"，盛对徐说"筹款不难"，并购旗昌船产之后，但以"船多货少洋商争衡"为虑，为此，盛宣怀"乃同回南京，适唐景翁（唐廷枢）亦至，公同商酌"。盛宣怀就他所提和所顾虑的问题，唐、徐"均有解说"，三人取得一致意见后，盛宣怀亲自帮助徐润完成"正约"。

面对巨额的收购资金，盛宣怀并没有手足无措，考虑到在外资银行不可能融到资金，中国民间的钱庄、票号没有那么大的实力，盛宣怀"毅然请于幼帅（沈葆桢）以定此议"，请朝廷官员来帮助解决这一难题。

"沈文肃公（沈葆桢）初以无款拒之，继经杏翁（盛宣怀）指筹各款约近百万，措词得体，颇动宪听。然款项仍未足，须再筹商。次日，杏翁复……禀见，又指某处有二十万金可拨……沈文肃公乃一面出奏，一面拨款相助。"②

确实，在并购美商旗昌轮船公司中，两江总督沈葆桢给予了全力支持，1876 年 12 月 28 日（光绪二年十一月十三日），沈葆桢在病榻上接见了盛宣怀、朱其昂、徐润等招商局主事人。盛宣怀遂以并购旗昌既可增强招商局实力，又可少一个有力的竞争对手为由，向沈葆桢陈述并购旗昌的利害关系。其说辞的主要内容是：招商局已有轮船 11 艘，旗昌轮船公司有船 16 艘，并购后便有 27 艘轮船"分布江海"，而外国在华航运公司"断无三十号轮船之公司"，因此，在中外竞争上轮船招商局可处于有利地位；至于筹款方式，他们向沈葆桢建议：（1）劝令旗昌原

---

① 徐润：《徐愚斋自叙年谱》，江西人民出版社 2012 年版，第 19 页。

② 以上参见徐润：《徐愚斋自叙年谱》，江西人民出版社 2012 年版，第 37、20 页。

有华商股本 20 万两投资招商局；（2）请两江总督奏拨官款 100 万两，免息交招商局，分 10 年归还；（3）请两江总督"札饬两淮盐运司会同劝令两淮运商每一引搭银一两"，"便可招股七十九万二千两"；（4）请饬各藩司各海关道向通商口岸商人随时劝谕入股。沈葆桢对盛宣怀的说辞颇为赞赏，"告以（并购旗昌）中国利权所系，极当努力为之"。他决定摒弃历史陈见，在来不及征询李鸿章意见的情况下，毅然同意筹借官款 100 万两予以支持，为并购旗昌打下了基础。①

沈葆桢的支持不仅使唐廷枢、盛宣怀和徐润等人信心大增，而且还具体落实了资金筹集。据有关历史资料记载，并购资金迅速筹齐："计江宁藩司认筹银十万两，江安粮道认筹银二十万两，江海关道认筹银二十万两，浙江省二十万两，江西省二十万两，湖北省十万两，共一百万两"，"并奏准此项官本息银不限定额，与商民一体"。其余的款项则由招商局另行招股筹集。

1876 年 12 月 31 日至 1877 年 1 月 2 日（光绪二年十一月十六日至十八日），轮船招商局与旗昌轮船公司的代理商旗昌洋行函件往复，最后由唐廷枢代表轮船招商局与美国旗昌轮船公司签订正式合同，招商局以总价 222 万两银买下旗昌的所有产业，包括 7 艘海轮、9 艘江轮及各种趸船、驳船、码头、栈房、位于上海外滩 9 号的办公大楼等，成为当时国内规模最大的轮船公司。收购旗昌的合同并规定，轮船招商局必须在 1877 年 3 月向旗昌支付 120 万两首付款，其余的款项也必须在以后的五年内分期付清。②

盛宣怀在最关键问题上的一着，即收购资金上为招商局做出了重大贡献，不仅如此，他还通过这次运作，清醒地认识到，中国缺乏投融资渠道，这是在今后办实业的过程中，必须尽力加以解决的。

---

① 以上参见胡政：《招商局珍档》，中国社会科学出版社 2009 年版，第 138、149 页。

② 参见台湾"中央研究院"近代史研究所：《海防档》，"中央研究院"近代史研究所 1957 年版，第 946~947 页。

六、1882 年盛宣怀使电报股份成功上市

1880 年秋，李鸿章批准筹备架设天津至上海的电报线，同时，在天津成立官办的天津电报总局，委派郑藻如、盛宣怀、刘含芳为天津电报总局总办（由于另两位不久先后有其他委派，电报总局实际上由盛一人负责），郑观应为上海分局总办。

津沪线动工之前的 1880 年 10 月，总局拟定了电报《招股简明章程十条》。1881 年初，为着手架设自津至沪陆路电报线，盛宣怀按照李鸿章的要求，拟定了比较详细的《电报局详定大略章程二十条》，为电报局发展定下基调。

盛宣怀在他所拟的章程中提出："中国兴造电线，固以传递军报为第一要务，而其本则尤在厚利商民，力图久计。"他清醒地认识到电报是资本周转、商品流通等企业商务信息传递的重要一环，电报作为经济发展的产物，反过来也必须为经济服务。

电报的创办从本质上说是为"商"而设的，所以电报企业应该由"商"来投资，"众商出资报效，自应准其永远承办推广施行。是商人之利亦国家之利也"，所以，应该由"商"按照经营近代企业的方式来经营电报。

为了规范经营，章程对电报局已存的官股与商股的关系、国家的利益作了详实可行的说明，最后强调电报局内部的管理一律按商业原则办理，政府不得干预。"中国电线势必先难后获，故必有远见才乐从其事。所收商本应以一百两为一股，给发股票印票为凭，认票不认人，拟定按年结账，所收信资，开除经费之外……如有盈余，按照资本多寡，先提六成均匀分派，不必额定官利，其余四成作为公积，以备添造电线，愈推愈广，利益无穷。"①

天津总局成立之初，郑藻如、盛宣怀、刘含芳曾联名发布过一份招

① 盛承懋：《盛宣怀与汉冶萍》，武汉大学出版社 2020 年版，第 71 页。

股的告示，公开向社会招商股 6 万两。但由于受当时国内民众对电报这一新事物认识不够及投资股份公司热情不高等因素的影响，此次盛宣怀等人打算招 6 万两商股的计划并未实现，津沪线建设经费全由李鸿章从淮军军饷内拨付。

1882 年初盛宣怀根据郑观应等人的意见，在 1880 年招股章程基础上又重新制定了一份电报局招股章程。该年 4 月 18 日，电报局改为官督商办后正式面向社会公开招股。此次计划招股 8 万两，以 100 两为一股，其中 6 万两用于归还官款。这是津沪线建成后电报局的首次招股，相比于没有招到股份的 1880 年，此时社会环境已发生很大变化。当时上海开始出现一股投资股份公司热潮，正是在这种有利的社会环境下，电报局此次招股工作相比于 1880 年的招股不啻天壤之别。

关于电报局打算招股的事情，早在其正式改为官督商办的半个月前，《申报》就已披露出相关消息："津沪电线原设八局，兹闻禀请北洋通商大臣批准，自三月初一日改为紫竹林、清江、镇江、苏州、上海五局，招商集股官督商办"，然后又分析指出电报局日后将会有巨大的利润，因为洋匠、巡弁、巡勇薪水均由官给，而各分局也将裁人裁费进行整顿，并且"所存官本八万余两，留俟头等官报扣抵不算利息，约计现在所收报费除去各局开销，股利每月尚有余利，故股单虽未刊发而入股挂号者甚多，将次满额"。这对电报局招股无疑是十分有利的宣传。

电报局招股顺利，一方面受当时上海买卖股票热潮大环境的影响，另一方面由于津沪线营业状况逐步好转，电报局发展前景被普遍看好，其股票价格很快开始大幅度上涨。如当时《申报》报道电股涨价的消息称："中国新设之津沪电线，兹已改为官督商办，招集股份，经此一番整顿后，闻各局报务大有起色，其股分票不胫而驰，至有已挂号而不得票者"，并告知现在电报股价已由每股 100 两涨至 115 两。

与此同时，上海电报局郑观应等人向两江总督等地方督抚申请添设长江、苏浙电线的事情更加刺激着人们投资电报局的欲望，因为这两条线路所经之地商贾云集，贸易繁盛，日后商报必多，报费收入肯定会更加丰厚，电报股票升值前景将会十分广阔。

正如当时盛宣怀向李鸿章报告电报局招股情形："津沪电报之设也，始而人皆视为畏途，继而包定用款，生意略佳，适值招商各局股分增涨之时，人情乃视电报为奇货，近日富商大贾皆瞩目焉。以盼汉线、浙线之成，群起而愿附股，预订者已数十万，虽百万可立致。"其说虽有夸大之处，但也确实反映出当时民众争相购买电报局股票的情形。①

从 1880 年 10 月电报总局开始酝酿招股，至 1882 年 4 月 18 日电报局成功实现招股，盛宣怀第一次主持运作招股的全过程，这为他日后在金融和保险业的发展打下了基础。

七、盛宣怀早期保险思想与活动

在轮船招商局成立之前，1872 年，江海关机器局道员吴大廷向李鸿章禀呈轮船招商事宜，指出："招商出租承领，既可取偿造船之款，又可节省行船之费，俾商民习知轮船之利，渐推渐广，由富而强，诚为当今之急务。"然而，兴办新式航运有五难，即招商难、设埠难、保险难、揽载难、用人难。吴大廷首次在实际操作中提出保险的问题，阐明中国没有自己的保险公司的严峻态势。6 月，李鸿章进行了逐条批复，重申兴办新式轮船业的决心，并将吴大廷的禀报及批复送交总理衙门。清政府总理衙门批文如下："遴谕有心时事之员，妥实筹维。"20 日，李鸿章上奏《筹议制造轮船未可裁撤折》，指出："各口岸轮船生意，已被洋商占尽。华商领官船另树一帜，洋人势必狭重赀以倾奇，则须华商自立公司，自建行栈，自筹保险。"②

1872 年 8 月，朱其昂等拟定的《轮船招商节略并各项条程》共有 20

---

① 以上参见王东：《盛宣怀与晚清中国的电报事业（1880—1902）》，华东师范大学 2012 年硕士学位论文，第 47～48 页。

② 参见王珏麟：《朱其昂兄弟：民族保险的启蒙与践行》，《中国保险报》2014 年 10 月 17 日。

条，其中明确提出："商局轮船先向外国保险，倘外国不肯保险，准由机器局或商局自行保险。"①

为不受制于洋人，盛宣怀建议在轮船招商局内自立保险，这样一方面可使船险公积金留在局内，扩充利源；另一方面也是官督商办企业走向规范的需要。盛宣怀在民族保险公司的创立和保险资金的应用等保险经营方面的建议，对晚清时期洋务企业的兴办大有裨益。②

招商局筹划保险公局的消息，在 1874 年已广为各界所知。法国人法乐企图通过熟人关系到招商局或招商局保险行任总管。该年 4 月 8 日，左宗棠的属下、后曾任定海总兵的管带贝锦泉，曾致函时任招商局会办的盛宣怀，希望法乐能谋到这个保险职位。盛宣怀亲笔批示："招商局总管拟用华人，保险局事，须俟秋中方能就绪，届时再当奉闻。"委婉地拒绝洋人到招商局和招商局保险行任职的要求，这是记述盛宣怀参与保险活动最早的记载。

1875 年 4 月 1 日，轮船招商局的福星轮在黑水洋面被怡和洋行的澳顺轮撞沉，溺死 63 人，船货全部沉失。虽然事后法庭判招商局胜诉，获得赔银四万二千两，但因为澳顺轮船主脱逃，招商局最后追到的赔款连四千两都不到，余数尽由招商局自己承担，损失巨大。这一事件深深触动了招商局的神经，也加快了创办保险企业的步伐。

1875 年 11 月 4 日，轮船招商局在《申报》上刊登了《招商局告白》，落款则为"保险招商局公启"，标志着保险招商局的正式创办。

这份告白多有引用，不再赘引。就其内容而言，它不仅宣告了保险招商局将于光绪元年十二月初一（即公历 1875 年 12 月 28 日）开始营业，也表明了其管理体制、组织形式、资本额、业务种类、会计特点、营业网络及与轮船招商局的关系等。

---

① 参见胡政：《招商局珍档》，中国社会科学出版社 2009 年版，第 25～26 页。

② 姚庆海、朱华雄：《探寻中国近现代保险思想脉络》，《中国保险报》2018 年 2 月 19 日。

保险招商局的成立，如同轮船招商局当年设立一样，是划时代的大事。告白刊登的这天，《申报》一同发表了《华人新设保险局》的评论，文曰："阅今日本报所列之新告白，知华人有创议开设保险公司一举，取名保险招商局，欲集股一千五百份，每股规银一百两，计共合本银十五万两，主谋者则唐君景星是也。查华商装货保险为习者，已实繁有。徒而向设保险公司者，惟西人独擅其事。今见华人倡设此举，想华商无有不为之庆喜者。"①

保险招商局的创办，不仅标志着中国自主创办股份制保险公司的开始，也标志着中国新式金融业的正式开启。

---

① 参见吴越、杜伯儒：《关于保险招商局有关疑问的查证》，《上海保险》1989 年第 12 期，第 78 页。

第二章　1883 年金融风暴中的招商局

一、世界经济危机触发的中国金融风暴

从 1873 年开始，西方主要资本主义国家经历了一场旷日持久的经济危机。在英国，经济萧条从 1873 年开始，一直延续到了 1896 年，人们经历了一个长期萧条的时期。法国的股票市场在 1882 年初发生了暴跌，四分之一的投资人处于破产的边缘，法兰西银行虽然通过宽松的货币政策，暂时挽救了股票市场，但是法国接下来的几年一直处于经济萧条状态。美国经历了 1882 年至 1885 年的萧条，因为纽约市国家银行停止对企业进行贷款，导致了危机的扩散。虽然纽约清算机构资助了濒于破产的银行，避免了更大的危机，但是还是有许多银行和不少的企业破产。

在世界经济一片萧条中，中国的对外贸易也发生了萎缩。1871 年至 1873 年中国出口 1.1 亿元(洋元)，但是 1881 年至 1883 年，中国的出口却下降至 1.08 亿元(洋元)，下降了 2%，出口额已经远远超过了清政府的财政收入。当时，中国出口最主要的两个贸易伙伴是英国和香港地区，所占比重分别为 33.3% 和 25.4%，合计接近 60%。英国在 1873 年至 1896 年发生经济萧条，香港当时受英国殖民统治，所受的波及是可想而知的。由此，经济危机对中国的外贸出口，以及上海经济的巨大打击是可想而知的。

从 1861 年开始，中国实施洋务运动，尤其是在 1870 年之后，清政府开始鼓励私人参与官督商办的经营活动，或采取官商合办的方式经营企业。为此，洋务企业开始在上海大量发行股票，筹集资本。因为有国家信用作为担保，社会各界，尤其是钱庄认购踊跃。但是，洋务运动中创办企业的国有本质，使得企业经营效率低下，到了 1883 年，大量的企业发生亏损，出现了所谓的"倒账"事件，就是钱庄等金融机构贷出去的钱收不回来，即所谓的"金融债务违约"。

在这次倒账风潮中，影响最大的三件违约事件为：1883 年初，金嘉记丝栈倒闭，亏欠 40 家钱庄白银 56 万两；年中，轮船招商局会办徐润投资房地产和股票失败，无法偿还 22 家钱庄 100 多万两白银；到了年末又传出"红顶商人"胡雪岩的产业崩溃的消息，从而彻底引爆了这次金融危机。

这次金融危机中，洋务企业股票价格暴跌。开平矿务局的股票从 1883 年 5 月的每股 210 两跌到了 10 月的 70 两，到 1884 年竟然低于 30 两；轮船招商局的股票从 1882 年 9 月的 253 两暴跌到 1884 年的 34 两。随着泡沫的破灭，上海钱庄大量倒闭，客户存款无法偿还，市场陷于萧条。

除了洋务企业本身经营不善的原因外，1883 年的中法战争也是引起经济萧条的一个原因。1883 年 12 月开始的中法战争，局势不稳，使得人们对金融市场失去了信心，加剧了挤兑行为，升级了危机。

中国的这次经济危机也和 1873 年开始的世界范围的经济危机相关。1840 年鸦片战争后，中国对外贸易不断扩张，与世界的交流日益加深。1881 年至 1883 年，中国当时出口的主要产品为茶叶（占出口额的 46.2%）和丝（占出口额的 26.2%）等资源性产品，两项高达 72.4%。进口产品主要为鸦片（占进口额的 37%）、棉布（占进口额的 22.8%），以及棉纱（占进口额的 5.8%）等产品，这三项合计就超过了进口总额的 65%。世界范围的经济危机，严重影响了中国的对外贸易，特别是影响了外贸出口。

中国对外贸易的最重要的口岸为上海，其贸易额超过中国总贸易额的一半。全世界发生经济危机，上海市场出现萧条是可想而知的。①

二、为苏浙闽粤电报线千方百计筹集资金

1883 年初，盛宣怀费尽周折先后获得苏浙闽粤电报线及长江电报线架设承办权后，面向社会第二次公开招股。此次招股计划是招股银 40 万两，因电报局收支款项货币单位改用洋元，所以此次集股 80 万洋元，以 100 元为 1 股，招股对象以旧商为先，然后再向新商集股。

在这次公开招股中，电报局同人仍是重要投资者，如电报局商董经元善个人就购入 260 股股票，合洋元 2.6 万元，是一笔不小的数目。

然而一场意想不到的金融风暴席卷上海，使电报局在第二次招股中，遭受到严重的挫折，最后实际只招到 30 余万元。这次招股成绩极不理想，连预招股份的一半都没有达到，竟还有 50 万元的巨大缺口。

盛宣怀只得利用手中的资源及人脉关系，想尽一切办法筹集资金，包括向官方借款、借用津海关资金、向外国公司借款和利用自家典当筹钱，以及挪用辽宁金州矿务局股金等办法。首先，经过一再努力，他从李鸿章那里借到不付利息、六个月后归还的官款五万两，以及（因架设长江线）从左宗棠那里借领七万两、两年后分还的官款；其次，他利用 1884 年曾短暂署理过津海关道一职职务之便，借用了一部分津海关资金，仅 9 月 25 日前后两天内，他向上海汇去规银 20245 两，这也是一笔不小的数目；再次，1884 年 12 月他又向大北电报公司借款五万两；最后，盛宣怀从家族在上海与湖北经营的典当行提取资金，据记载仅 1884 年在上海"滋大八月起十月止电局陆续向收银七千数百两"。他两个月内就从该典当行取 7 千多两银子，在当时上海钱庄大量倒闭的情况

---

① 以上参见浑源凉粉博文：《胡雪岩的倒台和中国 1883 年金融危机》，2012 年 12 月 21 日。

下实属不易，这笔资金对缓解电报局资金紧张局面还是有相当大作用的。当然，所有筹措的这些款项，还不足以满足苏浙闽粤线及长江电报线架设工程的资金需求，而此时中法战争即将爆发，工程不能延误，盛宣怀只能采取挪用辽宁金州矿务局股金的办法，来解决工程资金。经过努力，盛宣怀基本解决了电报局的资金问题，从而使得中国电报事业度过了创建之初遇到的最大危机，得以继续朝前发展。①

挪用金州矿务局股金一事，因自 1882 年 9 月起，盛宣怀兼任辽宁金州矿务局督办，但金州矿的开采进展缓慢，难以在短期内投入生产。1883 年电报局出现招股困难后，盛宣怀想到的自然就是先借用金州矿务局存于钱庄的资金，以缓电报线架设费用之急。当年 4 月，他以电报局名义咨会金州矿务局，要求其将部分资金以购买电报局股票形式转借给电报局，办法是让矿务局借 20 万洋元给电报局，然后等电报局招足80 万元股份后，再将这 20 万元如数归还。因为矿务局本就由盛宣怀主管，因此其回复也只是形式上的，除表示应移缓就急，借给电报局资金外，借款、还款办法也是完全遵照盛的提议执行的。这样电报局向金州矿务局借款的事情在盛宣怀的一手操办下顺利完成。

然而一年之后，上海市面不仅没有得到恢复，反而变得更糟。因此，电报局很难在短时期内招到股份，无法将借款归还金州矿务局。这件事被清廷发现后，认为盛宣怀"办理含混，铺张失实"，责令严肃查处。

事实上，1883 年盛宣怀因办理与大东、大北两公司交涉事情挽回了不少利权，同时主持建设苏浙闽粤线、广州至广西龙州线以利军报传递，这些业绩为他获得实缺官职创造了条件。由于他的出色表现，闽浙总督何璟和两广总督张树声都奏调要其去帮办洋务，李鸿章更于 1884年 6 月，做出盛宣怀署理津海关道的决定。然而好景不长，没过多久就

---

① 以上参见王东：《盛宣怀与晚清中国的电报事业（1880—1902）》，华东师范大学 2012 年硕士学位论文，第 51~56 页。

有人上奏参劾其"专营牟利"，尤以其挪用金州矿务局事情为重点。

由于盛宣怀挪用的金州矿款，不是作为私用，而是电报工程上的急需用款，李鸿章等朝廷大员都出面为盛宣怀说情，但是朝廷的态度仍不太明朗。盛宣怀在无奈之下于 1884 年 9 月 9 日，给左宗棠呈一禀文，请其给予帮助："职道因电务紧急，挪用矿本，致被严议。本拟即日乞归，将所有经手十一省电报、金州矿务，以及天津团练、海防支应、机器、军火各项差使，求即派人接手，职道从此可以归家读书。际此时艰，去留何惜，但蒙中堂一朝知遇，即已被诬，若不昭雪，职道一人进退，何关轻重，而数年辛苦经营，坐视各局败于垂成，辜负宪恩矣！此为一己出处之义，惟中堂曲全垂察焉。"①

关键时刻左宗棠起了作用，左虽然与李鸿章不大对劲，但他知道盛宣怀是个难得的洋务人才，他在接到盛宣怀的请求后，随即向朝廷上奏了一份《人才屈抑可惜请再饬查盛宣怀折》，认为盛宣怀在这件事上，尽管做法有些不妥，但是他没有贪污，更重要的是他的做法救了急。事实上，当时朝廷拿不出钱来，盛宣怀也是不得已而为之。于是，左宗棠上疏为盛开脱，再加上负责调查此事的曾国藩之弟曾国荃认为"挪矿股归入电股，皆据一再禀详，移缓就急，亦尚非有意含混。且苏、浙、闽电线之成，皆得该道移矿就电之力，于军务裨益犹大"，不但无过，而且有功。

当年 10 月 16 日，李鸿章与曾国荃合奏《查核盛宣怀参案请免降调折》，指出盛宣怀"移矿股归入电股，曾据一再禀详，移缓就急，亦尚非有意含混。且苏、浙、闽、粤电线之成，皆缘该道移矿就电之力，于军务裨益尤大"，因此请求将盛宣怀免于降调处分，之后朝廷下旨"盛宣怀前得降调处分，著加恩改为降二级留任"。② 因此金州矿股参劾案，最终以盛宣怀降二级留任而告终。

---

① 见盛档，《盛宣怀上左宗棠禀》，光绪十年七月二十日。
② 参见顾廷龙，戴逸：《李鸿章全集》，安徽教育出版社 2008 年版，第 10、563~564 页。

三、盛宣怀规范招商局的经营管理

1843 年，上海开埠成为通商口岸，由于其独特的地理位置，迅速成为中国近代东南沿海的外贸中心，人口激增。1843 年上海仅有 23 万人，至 1890 年已超过 100 万人，增长近 4 倍；又由于英、法、美等国相继在上海设立租界，1841 年全国洋人仅为 462 人，而 1860 年，仅上海洋人就达 1400 人，增长近 3 倍多；那一时期，农民起义、边疆危机等造成社会动荡，上海租界被看成最安全的地方，江浙两省富商、旺族避乱上海，且创业淘金者大增，大批人口涌入上海租界，新建房屋激增，"华屋八千七百四十宅"，"华人约七万有余"。自太平天国、小刀会起义时，洋人放弃"华洋分居"的规定，房地产交易日益普遍。人口增长加之经济的繁荣，使得房地产的刚性需求增加，高额利润的诱惑，使很多人投资于房地产，以谋求高额回报。①

轮船招商局会办徐润就是其中最突出的代表人物。徐润，广东香山人，14 岁时随其叔到上海，入英商宝顺洋行当学徒，因其能干而升至买办。在宝顺洋行期间，他出资捐得员外郎，由李鸿章"奏保四品衔"。徐润先后在美商旗昌轮船公司、英商公正轮船公司附股投资，并在上海、浙江、湖北、湖南、江西等地相继开设众多货号，是一位能干的商人。1868 年，他开始从事自营的商业活动，成为独立的商人。

1873 年 7 月，李鸿章委派唐廷枢担任轮船招商局总办，唐廷枢接任后一个多月，就禀请李鸿章任命徐润出任会办，协助经理局务。李鸿章当时对唐廷枢的提议十分赞成。

徐润一面主持招商局的局务，一面从事自己的经营活动。他依靠在宝顺洋行和早年商业活动的积蓄，积极投资房地产业。至 1881 年，他

① 参见韩永兴、周宝银：《1883 年金融风潮与徐润房地产失败分析》，《南昌高专学报》2010 年第 5 期，第 10~12 页。

已成为上海有名的"地产大王"。"如余所购之地,未建筑者二千九百余亩,已建筑者计三百二十余亩,共造洋房五十一所,又二百二十二间,住宅二所,当房三所,楼平房街房一千八百九十余间,每年可收取租金十二万二千九百八十余两。地亩房产名下共合成二百二十三万六千九百四十两。"①

轮船招商局会办徐润

随着房地产投资的成功,徐润想创办一家房地产公司,一展平生之抱负。他找到英国人顾林进行合作,商议各投入200万两规银,创建宝源祥房产公司。但是顾林回国后患脑病致癫痫,最后杳无音信。在这种情况下,基于对上海房地产前景的信心,徐润乃决定借高利贷投资。他利用自己招商局会办的身份及以往业界的威信,从钱庄借款,将股票抵押给洋行,筹集到一笔巨款,并在招商局挪用了部分款项,用于开办房地产公司。

1883年世界经济危机波及中国,当年秋天,上海发生严重的金融风潮,钱庄大批倒闭,股票大幅度下跌,招商局也深受影响,其股票甚

---

① 参见韩永兴、周宝银:《1883年金融风潮与徐润房地产失败分析》,《南昌高专学报》2010年第5期,第10~12页。

至跌到票面价的一半。主持商局的徐润因投资股票和房地产失败，濒临破产，徐润欠下了22家钱庄100万两白银。徐润及帮办张鸿禄等挪欠商局巨款的事情遂暴露在世人面前。

当年9月，李鸿章决定对商局进行查处，委派盛宣怀到商局维持一切，李鸿章委以盛宣怀"妥筹整顿、定立规条、认真率循、禀候核办"的重任，让其重返招商局。①

盛宣怀重返招商局后，对招商局进行认真查处。不久，徐润、唐廷枢先后离局，接着马建忠派任招商局会办。但是，由于受世界经济危机的影响，再加上唐廷枢和徐润经营不善，又挪用公款，招商局处于十分艰难的境地。

为此，1885年8月盛宣怀为招商局拟定了《用人十条》和《理财十条》，着重从用人与理财两个方面，来规范招商局的经营管理行为。

在《用人十条》中，盛宣怀强调"用人"是接办招商局的首要，并提出了一系列规定与措施，规定官员和雇员的相关职责，包括各分局的董事，都不准接受薪俸和红利之外的其他报酬，禁止因私人目的借用公司资金，而且在他们任职轮船招商局期间，不能接受别的雇佣。

面对来势凶猛的金融风暴，盛宣怀在《理财十条》中强调：（1）核定企业资产。将接收招商局时的股本和欠款共550万两作为接管时的成本，但认为招商局的资产"断不值五百五十万两之价"，因此需"俟洋人公估值若干"，然后"以公估之价作为实值，其余作为浮值"。（2）清理内外债务。对接管时所欠的内外债，拟定出具体的偿还或收回的办法和时间，先还外债次还内债，要求官方"曲加原谅"，"功不可嫌其缓"。（3）加强财务管理。将财务经办权力集中于银钱股，用四联票记账。无论收支"均须督会办过目，盖图章始发"。（4）强调经办人员不得挪用招商局经费。"自督会办以讫各局董事、司事人等，于应得薪水花红之外，不准丝毫挂欠"，并定出惩戒办法。（5）对招商局此后的业务经营

---

① 参见夏东元：《盛宣怀传》，四川人民出版社1988年版，第481页。

定出方向："本局于轮船之外，不准分做别事。如有必须做者，亦必南北洋批准，众商董金允，以防拖累招商局。"①

面对金融风暴，盛宣怀着重从内部抓起，尽量减少招商局的损失，以抵御外部的风险，他推行的"双十条"措施，使招商局逐渐走向正轨，经营形势转危为安，并很快得到发展，招商局的股票由当初的每股 50 两涨至 100~200 两之间。

四、盛宣怀借助金融力量扳倒胡雪岩

在晚清时期，红顶商人胡雪岩是个不得不提的人物，史书将其与盛宣怀并列为晚清商界的双子星座，两人都是商界巨擘、富可敌国，都对晚清时局产生过举足轻重的影响。

胡雪岩(1823—1885)，本名胡光墉，幼名顺官，字雪岩，出生于安徽徽州绩溪，13 岁起便移居浙江杭州。中国近代著名红顶商人，政治家，徽商代表人物。

"红顶商人"胡雪岩

① 参见胡政：《招商局珍档》，中国社会科学出版社 2009 年版，第 387~388 页。

胡雪岩凭借其卓越的商业才能，除当铺、生丝、药局等生意遍布全国各地外，还在各地设立"阜康"钱庄分号，被称为"活财神"。除正常生意外，他另借助政商关系做各种"特殊"生意，如为政府采购军火、机器、筹措外资贷款等，通过官商合作，获利颇多，尤其是他依附晚清"中兴名臣"左宗棠，为左宗棠筹办军饷器械，创办福州船政局等，双方各取所需，互为依靠。

胡雪岩和盛宣怀，两人作为晚清时期长袖善舞的著名实业家，本应惺惺相惜，但却明争暗斗，势同水火，掀起商界风云，双方拼了个你死我活，除开两人作为商界领袖，都有一统江湖的传统思想之外，关键还在于两人的立场不同。

如前所述，胡雪岩的后台是当时的两江总督左宗棠，两人在往来中结下了很深的情谊，尤其是在平定新疆叛乱的过程中，胡雪岩作为其"后勤总管"，运用自己控制的阜康钱庄的信用和金融网络，14 年中共为左宗棠的军事行动融资 1600 万两白银，为左宗棠收复新疆立下了汗马功劳。而盛宣怀的后台自然是北洋大臣李鸿章。左宗棠胜利收复新疆全境，其声望与地位一时压过了李鸿章。此时，中法战争又阴云密布，左宗棠再次主战，李鸿章再度主和。李鸿章生怕大笔资金再度流入主战派手中，致使北洋系经费来源不足，另外也担心左宗棠再度获朝廷信任，到时自己将在朝廷彻底边缘化，因此决定发动"倒左"攻势。由于当时清政府国库空虚，主战者被迫自筹钱款，因此欲"倒左"成功，就必须彻底废掉左宗棠的"钱袋子"，即彻底打倒胡雪岩，不仅要掐断胡雪岩的官府资金来源，更需要斩断胡雪岩在资本市场上的一切融资通道，让左宗棠彻底"失血"无法前行。

晚清时期，中国最大的两项出口是蚕丝和茶叶。1843 年 11 月，上海开埠，从此中外贸易中心逐渐从广州移到上海。据晚清海关资料记载：1845 年，由上海出口的生丝为 5146 担。到了 1880 年，由上海出口的生丝已达 69685 担。从 1870 年开始，全国生丝出口贸易约有 2/3 经由上海港输出。那时，旗昌、怡和、天祥等知名大洋行，纷纷落户上海，从事蚕丝和茶叶的出口贸易。而胡雪岩通过强大的资金实力，大量囤积生丝，垄断了市面生丝的七成，通过倒买倒卖，胡雪岩赚得盆满钵满。①

根据李鸿章的指示，盛宣怀首先向胡雪岩最为依赖的生丝市场下手，他收买各地商人和洋行买办，要求他们不再收购胡雪岩的生丝，致使胡雪岩生丝库存越来越多，现金压力越来越大。之后，盛宣怀借助汇丰银行席正甫的力量，要求各洋行不得向胡雪岩贷款，双向挤压之下，胡雪岩的资金链濒于崩溃。

胡雪岩见现金吃紧，只得向官府申请"协饷"（即从有余省份的钱粮中指拨一部分解运于不足省份，意在酌盈济虚）救急，盛宣怀以李鸿章的名义要求上海道台把交给胡雪岩的"协饷"延迟 20 天。此时，在盛宣怀的压力下，各借款银行纷纷向胡雪岩催款，万般无奈之下，胡雪岩只好将压箱底的、自己阜康钱庄的 80 万两白银调出给外国银行还款，得知这批白银出了阜康钱庄后，盛宣怀立刻命人在大、小储户间放风，说胡雪岩囤积生丝大赔血本，只好挪用阜康钱庄的存款，阜康钱庄行将倒闭，胡雪岩有可能跑路。消息放出后，各类储户生怕吃亏，于是纷纷来钱庄兑银，而此时阜康钱庄并无多少现银，处于风雨飘摇之中。胡雪岩一天之内几次找上海道台要"协饷"，可道台借故抱病，始终不见胡雪岩。

胡雪岩此时方知此事完全是李鸿章幕后指使，只能找远在北京养病的靠山左宗棠，希望左宗棠给上海道台施加压力，速将"协饷"拨付到位。找左宗棠最快的方式当然是发电报，岂料，盛宣怀早有防备，暗中命人扣发胡雪岩的电报，可怜胡雪岩眼巴巴盼着左宗棠接电报后立马给上海道台发布指示，可没想到电报还静静躺在电报局的柜子里，两天后电报局才开始发报，可此时储户在焦急等了两天后，见"协饷"迟迟未到，认为这是胡雪岩的拖延之术，在一些储户的挑拨下，一些钱庄被储

① http://ah.ifeng.com/industry/huishang/detail_2014_12/12/3283245_0.shtml。

户砸烂，而官府借闹事之机迅速查封了各大钱庄。数天之内，这场挤兑风潮就把一代红顶商人数十年创下的基业化为乌有。

这就是民间所谓的盛宣怀与胡雪岩的"商战"，这场胡、盛之战最终以胡雪岩的惨败而收场。

当然，细究起来，胡雪岩一败涂地，并非完全是盛宣怀扣发其电报导致的，除了胡雪岩过于依靠左宗棠，而官场险恶，意外随时到来之外，也与胡雪岩过于迷信生丝市场，大肆收购以致大笔资金遭严重积压有关，盛宣怀发起的此次商战，仅是原因之一罢了。

胡雪岩一生跌宕起伏，最终一贫如洗，尤其是左宗棠死后，胡雪岩彻底失势，旋即被抄家，家产尽数充公或被外人所夺，众多产业中仅有胡庆余堂留存于世。①

五、在烟台任上探索办银行、铸钱币事宜

近代工商业的发展，必然要呼唤近代金融业的产生。盛宣怀在负责轮船招商局和电报总局经营的过程中，早已认识到了银行的重要性。而当时的中国，既无官办银行，也无近代制度下的商办银行，这无疑成为民族工商业的发展障碍。1886 年 7 月，盛宣怀出任山东登莱青兵备道兼烟台东海关监督，这使得他有了涉足金融领域的一个平台。在烟台工作的六年间，他积极涉足金融事务，为后来创办中国第一家商业银行积累了经验。

盛宣怀赴烟台上任的第二年，即 1887 年（光绪十三年）7 月，替李鸿章起草了一封致中国驻美公使张荫桓的函《致驻美公使张樵野函》，其目的是商讨中美合作兴办官办银行的事宜，信函表述的自然是李鸿章的观点。李的意见是美商在华可办银行，但不同意美商在华独办像汇

---

① 参见盛承懋：《盛宣怀与"中国的十一个第一"》，西安交通大学出版社 2016 年版，第 130~134 页。

丰、法兰西那样的商业银行，认为这些商业银行"于办理官事处处窒碍，其生意仍难驾乎各行之上。今议华美合办，既有华商在内，名正言顺，凡中国兴利大事，该行均可随时议办"。① 李鸿章要求张荫桓去美国后要推进华美合办银行一事。

事实上，盛宣怀内心是主张银行商办的，替李鸿章起草这封信函后，他又上书户部尚书翁同龢，阐述关于银行应该商办的观点和中国缺乏人才的现实。他说，一个月前美国商人到天津来讨论合作开设官办银行一事，由傅相督办，他"力陈银行只可商办，本钱虽大，其办法与西帮之银号等耳，盈亏听商自主，官不宜过问"。盛宣怀还认为，"泰西各国以兵商二者交相焜耀，实即足食足兵之道"。西方国家"上有商务大臣，下有工商书院"，在人才管理上与中国也大不一样。盛宣怀在信中还向翁同龢诉说："招商一局尚苦无人，遑论银行?"②

在探索办银行的同时，盛宣怀在烟台还积极开展铸钱币的工作。鸦片战争前后，外国银元入侵，通行方便，抢夺了中国的块银纹银之权。由于墨西哥盛产白银等有色金属，西班牙殖民者于1535年就在墨西哥建立了美洲第一家造币厂。当时墨西哥等国的七钱二分的银元，在中国市场上已经很多，对此，盛宣怀十分无奈。他认为："官铸银元，使其上下通用，中外通用，不特使元宝及杂色碎银俱可铸成银元，且可收罗洋银改铸华银，徐禁他国银币不准通用，实系塞漏卮之一端。"他明确提出铸币应由国家掌控，不准外币在国内通用。

盛宣怀出任登莱青兵备道后，1887年奉山东巡抚张曜之命在烟台试铸银钱，要求"铸钱十万串"。为此，他报告张曜："职道到烟以来，总以钱可适用，银不亏耗为主。"③1888年他奉命在烟台正式开铸钱币。

① 夏东元：《盛宣怀传》，四川人民出版社1988年版，第249页。
② 盛承懋：《盛宣怀与近代中国高等教育》，武汉大学出版社2021年版，第121~122页。
③ 参见盛档，盛宣怀《致张朗帅》，光绪十二年十一月二十四日。

除了铜钱币外，盛宣怀还在烟台铸银钱币，"打算制钢模大批制造"。①币样送至李鸿章验看时，李的回答是："银洋钱花纹甚佳。此事造端宏大，非农部同心主持，不能开办。得人尤难，钢模应缓制。"②李鸿章的意见是铸币牵涉到国家币制，不是一位中级官吏的道员所能承担的重任，为此盛宣怀只能作罢，但是，盛宣怀并没有因此而退缩。这事实上为1897年盛宣怀创办中国通商银行后，在铸币方面，坚持收回利权，并且按照商务原则铸币打了前战。

甲午战败，清政府面临巨额赔款的筹措问题。已离开烟台三年的盛宣怀向朝廷提出，在兴利方面要速办银行，"若仍不加意商务，未有不民穷财尽不战而弱者也。今言变法者多矣，然坐言易，起行难；立法易，收效难。始就力所能行，效所能速者筹之，则铸银币、开银行两端，实为商务之权舆，亟宜首先创办"。③

六、盛宣怀任招商局督办后，加强保险事宜

1885年8月1日，李鸿章委派盛宣怀为招商局督办，调唐廷枢办理开平矿务。此时的徐润也因投机房地产被清政府革职。盛宣怀由于低价购进大量轮船招商局股票，成为轮船招商局举足轻重的大股东。盛宣怀主持招商局工作后，制定《用人十条》和《理财十条》。其中指出："帮办董事拟分八股，曰揽载股，曰漕运股，曰银钱股，曰保险股（仁和济和所保客商货物均附各分局代办，每月汇齐开折呈报），曰修舱股，曰煤料股，曰翻译股，曰案牍股，并阐述了'非商办不能谋其利，非官督不能防其弊'的官督商办原则。"马建忠总管揽载、修舱、翻译三股，沈能虎总管保险、煤料、案牍诸股，谢家福管漕运，银钱股为提调严潆

---

① 以上参见夏东元：《盛宣怀传》，四川人民出版社1988年版，第486页。
② 参见李鸿章《寄烟台盛道》，光绪十五年二月初六日。
③ 参见金延铭：《盛宣怀在烟台》，2016年10月《烟台文史》创刊号。

所司。

为了摆脱轮船招商局的困境，重振保险业务以争取资金方面的好转，盛宣怀在沈能虎的协助下确定仁和、济和两家保险公司合并。1886年2月，招商局所属仁和及济和两家保险公司召开董事联席会议，共同推选8名董事，并经协商决定，仁和、济和合并为"仁济和水火险公司"，又称"仁济和保险公司"，资金为100万两，大大加强了在保险市场上的实力和竞争能力。外资保险公司由此也同意按较低的保险费率和保险业经营惯例，承保和接受华商分保业务。

2月22日，《申报》刊载《仁济和开办告白》。4月22日，《捷报》刊载一则报道：仁和、济和于本年合并，更名为仁济和水火险公司。仁济和水火险公司虽合并成立，但并未改变与轮船招商局的隶属关系。①

盛宣怀在担任山东登莱青兵备道兼烟台东海关监督后，就打算发展内河小火轮航运，1886年4月（光绪十二年三月），他与招商局会办马建忠在给李鸿章与湖广总督张之洞的条陈《内地设轮船公司议》中说："近年内外国富强，无不自通商始。口岸通商人与我共之，内地通商我自主之。故欲求中国富强，莫如一变而至火轮，设一内地快船公司，与招商局相为表里，以兴中国内地自有之商务，而收中国内地自有之利权。"②在李鸿章的支持下，盛宣怀与马建忠向山东巡抚张曜禀请，发展山东内河小火轮业务，很快得到了批准。

内河小火轮通航之后，也出现了新的问题，即轮船航运的安全问题。1887年5月，山东荣城县海岸"保大"号轮船失事，该地村民乘危捞抢。事后盛宣怀了解到自己"所辖境内海线广袤，岛礁林立，航行偶一失事，居民肆掠，相习成风"，于是加强了轮船航运的安全管理，他向张曜、李鸿章报告："请重申总理衙门奏定保护中外船只遭风遇险章程，实力整顿。"

----

① 参见王珏麟：《盛宣怀的保险足迹》（上），《中国保险报》2017 年 10 月 13 日。

② 盛承懋：《盛宣怀与湖北》，武汉大学出版社 2017 年版，第 155 页。

在张曜的支持下，盛宣怀拟就了保护遇险船只章程六条，经张曜上奏，奉旨永远遵行。由此，盛宣怀顺势设立了轮船失险拯济局，自己"捐廉集资，广置舢筏，遴派能冒艰险之员，购募善泅夫役，部勒梭巡，闻警立赴，估舶渔舟藉以出险者，无岁无之"。① 拯济局在保护遇险船只和人民生命财产方面，起了很大的作用。盛宣怀在实业发展过程中，关注生命与财产的保险，并开始建立相应的机构，这在国内是带有开创性意义的。②

七、向汇丰借款，从旗昌赎回船产

盛宣怀在查处招商局问题到受任督办的这一段时间里，正处于1884年中法战争紧张之际，当年6月法军向驻谅山的清军发起进攻，8月法国舰队进攻台湾基隆，同时驶进福建马尾港袭击福建水师，严重威胁中国东南海疆。为了避免招商局的轮船因战争而遭到毁损，在李鸿章的支持下，商局咨询英国律师担文，将船上悬挂的局旗改换成第三国旗帜。原先试图改换成英国的旗帜，但担文认为英国法律苛烦，不如美国法律简便易行，正好美商旗昌公司愿意购下商局船产，于是当年7月31日，经盛宣怀同意，由主张更换局旗的马建忠将商局的船产，以525万两"明卖暗托"于旗昌公司。这样商局的轮船以"易帜"的方式，可以继续维持正常经营，尽量减少损失。但是，商局的这一举措，受到社会上的非议，连盛宣怀的知己杨廷杲也提醒他，说"招商局易主，令人一惊。此事真耶贾(假)耶？外人不得而知。若果有其事，外边物议纷纷，恐将来股东为难，并外边言语均不甚好听，务望阁下此事切不可预闻为

① 参见中国史学会：《中国近代史资料丛刊：洋务运动》，第8册，上海人民出版社1962年版，第51页。
② 参见易惠莉：《中国第一代实业家盛宣怀》，江苏文史资料编辑部1994年版，第34~35页。

幸"。① 为此，盛宣怀就此事征求著名实业家经元善的意见，经认为："处此市面难通，积弊难整，又值中法决裂，商船难以出口之际"，为商局的利益，售与旗昌以易帜的做法是对的。② 盛宣怀认可经元善的见解，他不计较易帜之初社会上的非难，而尽力做到"事定收回"。

1885 年 8 月 1 日，盛宣怀担任督办的当天，就向旗昌提出要买回这些船产。但是因为当时将船产卖与旗昌时缺乏经验，商局与旗昌只签订了"明卖"之约，而未立"暗托"之约。这样，在中法战争结束后，要从旗昌买回这些船产时，增加了很多麻烦。为此，盛宣怀费了不少口舌，旗昌最后同意商局"悉照原价收回"。

而要从旗昌买回船产的钱此时尚无着落，由于"接办伊始，随在需银，而局款一空如洗，官商无可筹挪"，盛宣怀又不得不禀明李鸿章向英商汇丰银行借款三十万英镑。③ 为了向汇丰借款、从旗昌赎回这些船产，盛宣怀只能借助于汇丰银行的买办席正甫的力量，来达成交易。

出身于洞庭席家、有着家族几百年经商传统的席正甫，思想和见识比一般银行职员超前得多。席正甫从苏州来到上海后，先在一家小钱庄当学徒，后来他自开了一家小钱庄，进入汇丰银行后，先当上了银行的"跑街"，后改任汇丰银行的买办。席不仅能说一口流利的英文，还具备善于变通的经济头脑，对新事物的接受和适应能力很强，在做生意方面，具有独特的判断能力。

席正甫与盛宣怀尽管都是江苏老乡，但是涉及银行借款事宜，他绝对维护银行的利益。事实上，汇丰银行的借款条件相当苛刻，商局与汇丰银行签订的合同规定：年息七厘，并且还必须将船产作为抵押物；对船产进行估价的两位估价师均由汇丰银行推荐指定，"而估价各薪费，均由招商局付出"；从借款之日开始到还清本利为止，每年由汇丰派

---

① 参见盛档，《杨廷杲致盛宣怀函》，光绪十年六月十二日。
② 参见盛档，《经元善致盛宣怀函》，光绪十年七月初十日。
③ 参见盛档，《经元善致盛宣怀函》，光绪十年七月初十日。

席正甫

"妥当者二人，估局中各产物轮船……其薪费等项均由招商局付出"；如果此二人估值不足二百万两之数，招商局即须随时以物产补足；"于此合同订立之后，汇丰派一监理之洋人，该洋人可以随时查看局中账簿，并验看各船各产业。如局中有办事不妥，以及产物短少，有碍借款利银之担保，监理人应告知汇丰"，如果招商局不照汇丰银行所要求的办理，"汇丰可以有权全行收取或摘取局中船只各物业，可出卖，可出赁，可出典，听凭汇丰主意，并任由该行自办，或托他人代理。如一经汇丰管业，即可直行经理，俟收存银两敷还所欠本利各项为止"。① 向汇丰借款谈判的整个过程，进一步加深了盛宣怀创办中国人自己的银行的认识与决心。

　　商局与汇丰银行签订了条件比较苛刻的合同，社会上当然会有各种非议，对盛宣怀的压力也是可想而知的。但是，盛宣怀清楚地意识到，如果船产还处在外人的名下，靠"易帜"的办法继续去经营，这等于在给别人打工，招商局是无法翻身的。同时他也深信，凭借自己的努力，

----

　　① 参见盛档，《招商局汇丰银行借款合同》，1885 年 7 月 28 日。

凭借招商局上下的奋斗，这些困难是可以克服的。正如招商局后期的经理施亦爵回顾当时的情况时说："乙酉（1885）之夏，向旗昌收回而后重定基础，乃有今日。故言商局之成绩，当以收回旗昌为断……至谓局中盈余全在地产，确亦有理，但亦收回旗昌以后，生意蒸蒸有以致之。苟非生意有余，焉有置业之本？即收回旗昌颇非易事，微公（指盛宣怀）孰能任之。"①

　　由于及时收回了船产，盛宣怀经营得当，招商局逐渐"生意蒸蒸"，盈余由小变大。

---

　　①　参见盛档，《施亦爵致盛宣怀函》，民国三年甲寅三月初四日。

第三章　甲午战争前招商局的金融、保险活动

一、1886 年 2 月仁济和保险公司诞生

1872 年后，招商局购买了数艘轮船，各洋商保险行联手，以轮船悬挂中国龙旗和双鱼旗（招商局局旗）不合规则为借口，拒绝承保。招商局几经斡旋，英国怡和洋行、保安行才勉强同意，但一条价值 10 万两的轮船，每年需缴纳 1 万两至 1.5 万两的保险费，年费率高达 10% 以上，承保条件极为苛刻。这种近似勒索的昂贵保险费，刺激了刚刚创办且资金紧缺的招商局，使它不得不走上自办保险的道路。

1875 年 4 月 1 日，轮船招商局的福星轮被怡和洋行的澳顺轮撞沉，虽然法庭判招商局胜诉，获得赔银 4.2 万两，但最后追到的赔款连 4 千两都不到，余数尽由招商局自己承担，损失巨大。这一事件加快了招商局创办保险企业的步伐。当年 11 月 4 日，轮船招商局在《申报》上刊登了《招商局告白》，落款则为"保险招商局公启"，标志着保险招商局的正式创办。

为了弥补保险招商局营业上保额过小的限制，轮船招商局又决定成立仁和保险公司，1876 年 7 月 3 日，《申报》刊登了《仁和保险公司公启》，即仁和保险公司的招股公告。保险招商局与仁和保险公司的创立，不仅拉开了中国新式金融业的帷幕，新式保险业也给投资者带来了

回报。1882 年 7 月，招商局决定不再将两者分立，正式归并为一。自 1882 年 7 月始，仁和保险公司合并了保险招商局。

保险招商局和仁和保险公司的业务是一样的，都是承保船壳和货物，但是随着轮船招商局业务的拓展，特别是 1877 年收购旗昌轮船公司后，各地堆栈码头因火险业务的需要，直接推动了轮船招商局筹划组建新的保险公司。

济和船栈保险局，也称济和保险公司，其股本为 20 万两，以堆栈保险业务为重点，自 1878 年 4 月 17 日开始营业，因为背靠着轮船招商局，济和保险公司开业一年就有不错的效益。1879 年 5 月 13 日，《申报》刊登了《济和船栈保险局支利》公告，公告说："启者本局济和保险应支周年利息，今于肆月初一日支取。请在股诸君届期持票来局补折取利可也。谨此布闻。"此后直至 1884 年，济和保险公司每年均登报发放营业余利，未曾中断。

1885 年 4 月，中法战争结束。8 月 1 日，招商局与旗昌洋行签订契约，购回原先卖给旗昌洋行的局产，包括仁和、济和这两家保险公司，一切又重回轨道。

赎回这两家保险公司时，合并的问题又摆上了台面。1886 年初，仁和与济和两家保险公司召开董事会，经协商，决定将仁和、济和合并为"仁济和保险公司"，资本金为 100 万两，并重新推举 8 名董事。盛宣怀亲笔拟定了《重订仁济和保险章程》十条，正式将两家合二为一。1886 年 2 月 8 日，这天是上海传统的请财神的日子，仁济和保险公司正式开门营业。其开办公告刊登在第二天的各大报纸上，曰："招商局仁济和保险公司现定于本年正月初五日起仍归各埠招商局兼办，保费悉照大例，务祈贵客商格外照顾，同沾利益为幸。招商总局保险处谨启。"

仁济和保险公司业务上"专保轮船装载之货，一切事宜悉照保险洋行章程办理"，其资本额为"规银一百万两"。在管理体制上，与前面的保险招商局、仁和保险公司一样，仁济和保险公司仍依存于招商局体系内，"上海仍为总局，综理一切事宜，仍照向来皆由招商总局督会办专主，不另请派总办"。

仁济和保险公司成立后，业务范围已不再像以前一样，局限于轮船招商局自身，而是扩大到社会各企业。公司董事为轮船招商局的督办盛宣怀及会办马建忠、麦加利银行的买办韦华国、柯化威银行的买办郑秀山、汇丰银行的买办唐国泰、茶业界的巨商姚锟以及商人萧郁文和欧阳煌等人。1891 年，晚清著名实业家经元善也成为公司董事。这种与招商局相伴的体制特征一直持续到辛亥革命后。①

二、盛宣怀与汇丰银行的交往

19 世纪 60 年代中叶后，外国金融势力在中国的扩张进入了一个新的阶段。1865 年，总行设在香港的英国汇丰银行成立，不久，该行相继在上海、汉口、广州等 10 余座城市开设了分支机构。这时，德、法、俄、日等国的金融集团也加快了在中国建立据点的步伐。德国的德意志、德华，法国的法兰西、东方汇理，日本的横滨正金和俄国的华俄道胜等银行，相继进入中国。从 1845 年至 1894 年的半个世纪中，先后有 20 家外资银行在中国设立总行或分行及代理处。到甲午战争前夕，除歇业、倒闭者外，在华外资银行计存 9 家，在各地的总、支行及代理处共 58 处，已经初步形成了外国资本的金融网。比英国丽如银行开行晚了近 20 年的汇丰银行，更显得风头十足，一时间在上海金融界呼风唤雨，不可一世，成了外资银行的领头羊。

汇丰银行的创办人为麦克利，他原是英德丰洋行的大班，1863 年（同治二年），麦克利为筹建上海汇丰银行，决定回英国集资，行前向曾相识的上海三余钱庄当"跑街"（业务经理）的王槐山借钱，王从三余

---

① 以上参见《中国近代第一家民族保险公司沿革考》，搜狐网保险篇，2017年 9 月 6 日。

钱庄客户存款中挪用了白银二千两给麦克利，讲明六个月后还本付息。但麦克利未能如期返回上海，钱庄年终结账时，王因挪用存款暴露，被老板开除回原籍。两年后，即 1865 年麦克利在英国筹得巨资来沪创建汇丰银行，得知王槐山的遭遇，深感内疚，即请其回沪，委任为汇丰银行的第一任买办。

王槐山因受到麦克利的信任，利用汇丰的牌子做洋厘生意，前后仅六年，就赚得白银 80 万两。王通过熟人介绍，接纳了出生于苏州吴县东山的席正甫，席从苏州来到上海后，自开了一家小钱庄，进入汇丰银行后，先当银行的"跑街"，后改任汇丰银行的买办。

有着家族几百年经商传统的席正甫，思想和见识比王槐山超前得多。席不仅能说一口流利的英文，还具备善于变通的经济头脑，对新事物的接受和适应能力很强，在做生意方面，席与保守谨慎的王槐山判若两人。

1884 年，清政府国库空虚，中法战争爆发在即，李鸿章实在想不出什么好办法，在奏请了慈禧太后之后，派自己的亲信天津海关道孙竹堂到上海筹款。[①] 李鸿章暗中嘱咐孙竹堂，必要的时候，可以向汇丰银行借 500 万两银子。这已不是清政府第一次向外资银行借钱了。

孙竹堂先后接触了汇丰银行的王槐山与席正甫，对于当时的银行来说，与朝廷搭上关系，应该是最大的生意。可王槐山不大喜欢与朝廷接触，也不习惯与官员打交道，失去不少做大买卖的机会。而席正甫却善于主动与朝廷接触，抓住各种机会。

席正甫发现中法战争迫在眉睫，一旦开战，清政府肯定需要购买大量的军火。可是朝廷没钱，购买军火的款项势必要向外国银行借款。正是这一点，决定了席正甫下决心与清政府谈判。因为这笔借款的款项过于巨大，汇丰银行和清政府谁都不肯轻易让步。席正甫并且预料到，谈判的焦点是在利率上面，如果能够谈判成功，一定是借款利率符合了双

---

① 夏东元：《盛宣怀传》，四川人民出版社 1988 年版，第 249 页。

方的心理预期。谈判过程中，席正甫高超的谈判技巧、圆滑的交际手腕以及他开钱庄时积累的丰厚人脉关系都得到了充分的展示，给李鸿章、孙竹堂留下了极为深刻的印象。

席正甫没有答应孙竹堂提出的 500 万两银子的全部要求，而是打了个折扣，同意借给对方 200 万两银子。而这是席正甫和麦克利商量之后，做出的比较科学的决定，他们推断 200 万两对双方都好交代。最令汇丰银行高兴的是，席正甫竟然让清政府答应以盐税作为担保，还付出了年息 8 厘的高息，签订了长达十年的借款合同。这比同期外国银行在华放款的平均利率高出了 30%。这也可以看出清政府确实国库空虚，走投无路，到了非向外国银行借款无以度日的地步。

通过此次合作，汇丰银行已凌驾于其他竞争对手之上，成为清政府合作的首选银行，影响力也在中国扩大了数倍。据统计，在不到 20 年的时间里，清政府共借了 26 笔外债，金额高达 4000 多万两白银。其中仅汇丰银行一家就承担了 2800 多万两，超过了清政府贷款总额的七成。不断地向清政府贷款，也为席正甫日后坐上汇丰银行大买办的位子奠定了基础。

以汇丰银行为代表的外资银行在晚清时期的发展，起到了大量引进境外资金、推动金融机构的产生、促进金融市场发育成长的作用，但是，近代外资银行进入上海也产生了不少弊端，如外资银行不受中国法律的制约，不接受中国政府的监督检查，且擅自非法在华发行纸币。这不仅侵犯了中国的货币发行权，而且搅乱了中国的金融市场，阻碍了中国币制统一的进程。

外资银行的迅速发展，也引起盛宣怀的极大关注，特别是在与浙江商人胡雪岩的"商战"中，他进一步认识到银行业的威力。自此以后，盛宣怀与席正甫在生意上有了更多的交往。

尽管如此，盛宣怀对于汇丰等外商银行还是十分警惕的。1887 年，美国米建威因贸易一事来天津谈判，并议及办银行一事。盛宣怀等作为李鸿章的代表同米建威谈判。其中关于创办银行一事，米建威企图独办，盛宣怀坚持中美合办。他认为"该行归美商独办，仍无异汇丰、有利、法兰西、麦加利等行，于办理官事处处窒碍，其生意仍难驾乎各行之上。今议华美合办，既有华商在内，名正言顺，凡中国兴利大事，该行均可随时议办，实于两国商务大有裨益"。盛宣怀的一席话表明：第一，他对汇丰等外国银行很不满意，所以也反对美商在中国独办银行；第二，中国自己办银行，要做到"驾乎各行之上"，不能成为洋商各行的附属品；第三，自办银行是为了对中国的"兴利大举"有所裨益。①

三、与广东、台湾绅商合股经营内河轮运

为了拓展轮船招商局的经营范围，盛宣怀在山东试行内地浅水轮船的同时，又到广东试办。他充分运用招商局的资金，与地方合股经营，由招商局出资十成之六，粤省绅商出资十成之四，创设了与洋人无涉、专行内地的江海民轮船局，规定"悉照民船章程办理"。这些内河民轮企业，虽是归招商局督办，但是有相当的自主权，它在一定程度上起到了"轻土货之运费，速土货之运程……以敌洋货塞漏卮"的作用。不仅如此，招商局对于一般民间内河航运的商人也是扶持的。盛宣怀与人书云："弟生平立志，只愿与洋商争胜，不愿与华商角力。"例如，1897年招商局批准戴生昌等几家商办的内港轮船公司的小火轮行驶于杭、嘉、湖一带。那时，招商局要挤垮戴生昌是轻而易举的事，然而，盛宣怀认为与戴商竞争，是"自相践踏，必各有亏折"的"下策"，这种"冒恶名而赔巨款"的下策是断不可行的；唯有令戴商"不准与洋商合股，官与招商局均置之不问"，才是"上策"。盛氏于是采取了"上策"。由于盛宣怀任督办后对轮船招商局采取了一系列有效的整顿措施，使该局不仅很快得到恢复，且得到较大发展，增强了竞争能力，在与英商怡和、太古的较量中不断前进。

---

① 参见夏东元：《盛宣怀传》，四川人民出版社1988年版，第249~250页。

1885 年 8 月 1 日，盛宣怀任轮船招商局督办。几个月之后，他即与马相伯（江苏丹阳人，中国著名教育家、复旦大学创始人，马建忠的哥哥）、马建忠一起，乘中法战争恢复台湾经济之机，禀请台湾军务大臣刘铭传研究台湾的内河小轮航运，建议设立台湾商务总局，举办轮船航运。刘铭传爽快同意，决定招集商股，所集股份"分为五份，以十万为一份，商股四份，每份公举董事一人，官本一份，选派委员一人，俱到局公司同办事"，并指明"与招商局两不相涉"。① 随后不久办起台湾船局，与招商局采取了"外合内分"的形式。台湾的"外合内分"与广东的内河轮船公司"实为招商局分设"不同，这是由台湾的实际情况所决定的。

1887 年，因 1884 年倒账风潮而遭革职的原招商局会办张鸿禄奉刘铭传之命造轮船两只，"声言专走长江北洋，以与招商局争衡"。盛宣怀认为，"与商局争竞，两有所损"之外，且将引起"三公司互相跌价，彼此受亏"，建议"外合内分"。

之所以在台湾采取"外合内分"，这是因为：第一，"台船两只未入合同，恐怡、太欲照洋商不入合同之轮船一律视之"，也当做"野鸡船"加以排挤，这样下去，"必致牵动职局轮船自顾不下，安能外御其侮"！如果台船与招商局表面合起来，就不会出现这个问题。第二，台船只有二三只，"另开一局，无异从前朱道其昂初创之难"，如果"交招商局代办，外面合为一起，可免争斗，又省开销。码头栈房悉照局船停泊储货"。② 显然，"外合"主要是对付洋商怡、太，维护民族航运业的发展。③

所谓"内分"，从根本上说，就是保证台船的独立经济体制和利益，其具体办法盛宣怀对李鸿章、刘铭传讲得很清楚：

---

① 参见盛档，刘铭传在盛宣怀等《禀请招股设立台湾商务总局》上的批语，光绪十一年十二月二十一日。

② 参见盛档，盛宣怀《上李鸿章、刘铭传禀稿》，光绪十四年。

③ 参见夏东元：《盛宣怀传》，四川人民出版社 1988 年版，第 141 页。

"另立台湾轮船账簿一本，凡代收之水脚列作入款，代支之保险、辛工、煤炭、物料、关费、码头扛驳各力以及杂用大修小修，列作支款。职局按照代办章程每百两只提五两，以充局用。按年总结共得余利若干，悉归台湾商局照本均派。"①

1889 年 6 月 6 日，台湾抚院咨北洋大臣：台湾商务局前经招集股银三十三万两，台林绅认招三分之一，招商局盛认招三分之二。购"斯美""驾时"快轮两号。台船局与招商局"外合内分"。按外合内分原则拟定《台船大略章程》十条。可见"外合内分"，对招商局有利，对台湾船局更有利，只对怡和、太古等洋商不利。所以派到台湾去办理此事的杨宗濂说："台船二只，合则息争省费，与北洋面上好看。"为了有利于招商局与台湾商务局合股经营的效果，当年盛宣怀"禀请李鸿章核奏开复张鸿禄原职"。

1893 年 1 月 12 日，盛宣怀又致函厦门招商分局王叔蕃，欲发展那里的内河航运。1 月 21 日，王叔蕃接信后，随即前往谒见司道各宪陈托一切，当蒙许诺开设内河航运业。②

招商局采取与广东、台湾等省合股经营江海航运，不仅拓展了航运经营的范围，而且有利于民生，也明显增加了招商局的盈利能力。

四、"仁济和"资金投资于开平矿务局

1883 年 9 月，李鸿章下令整顿招商局，"徐道驻局总理银钱，未能慎重，以致挪欠过多，兹须重新整顿"。这件事在上海股市引起了轩然大波，受李鸿章委派，盛宣怀重返招商局。

至 1883 年 10 月底，由李鸿章创建、唐廷枢经办的开平矿务局已经投资 200 万两，其中向轮船招商局挪借近 80 万两。由于受世界经济危

---

① 参见盛档，盛宣怀《上李鸿章、刘铭传禀稿》，光绪十四年。
② 参见夏东元：《盛宣怀传》，四川人民出版社 1988 年版，第 495 页。

机影响，开平股票价格一落千丈，李鸿章要求"开平与轮船系属两局，现在商局代开平挪借银八十万数目，亟应划开，以免商情顾虑"。

1883 年 11 月 1 日，盛宣怀制定《整顿招商局大略章程》，提出"开平宜分开界限也"，招商局"承认股份二十万之外，其余皆分划清楚。嗣后商局应专做轮船生意，无论何项不得牵涉"。最后议定"拟由商局借支银二十一万两，作为开平股份；仁和、济和保险局借支三十万两，贵池矿务局借支五万两，作为开平借款；尚有二十万两，唯有仰求宪台俯准借拨，作为开平借领，以缓两局"。11 月 6 日，李鸿章批准了招商局整顿章程，要求"限于九月底止，分别划开，以清界限而释众疑"。

两局分开以后，唐廷枢于 1885 年 7 月北上天津，专办开平矿务局事务。随着开平矿务局产量增加，招商局煤炭消耗量也在增加，双方供需关系越来越紧密。

1884 年，中法战争爆发，轮船招商局委托旗昌洋行代管，第二年战争结束后赎回。由于战争影响，1885 年开平矿务局也陷入了资金困境，有些贷款到期不能延展，唐廷枢打算将开平矿务局抵押给英商怡和洋行经营，贷款偿还完以后再收回经营。这个想法没有得到李鸿章同意，由李鸿章亲信、直隶按察使周馥借款 20 万两，帮助唐廷枢渡过了难关。

1886 年 6 月，经盛宣怀批准，动用招商局附属仁济和保险公司资金 30 万两，投资开平矿务局，限定分年带利归还。经盛宣怀裁定，开平矿务局自 1887 年至 1891 年分五年付清所借银两。每年息八厘，本年暂以块煤 1 万吨作抵。这是中国保险业有史以来第一笔投资企业的实例。①

据轮船招商局记载：1887 年 1 月 22 日，仁济和保险公司资金存轮船招商局 60 万两，投资开平矿务局 30 万两，其余 10 万两存各家银行；

_____

① 参见王珏麟：《盛宣怀的保险足迹》(上)，《中国保险报》2017 年 10 月 13 日。

1888 年 2 月 14 日，仁济和保险公司资金存轮船招商局 50 万两，其余存于各家银行和开平矿务局；1889 年 1 月 30 日，仁济和保险公司资金存轮船招商局 30 万两，其余存于各国银行及开平矿务局。

两局分开以后，开平矿务局组建自己的船队，建码头、栈房。开平矿务局创办之初规定"煤照市价，先听招商局、机器局取用。其余或在津售，或由招商局转运别口销售"，开平矿务局在天津不再另设栈房，租赁轮船招商局栈房，满足招商局和机器局用煤后，剩余煤炭由招商局运到其他口岸代理销售。1888 年唐津铁路通车后，开平矿务局在天津购地 102 亩，建了存煤 14 万吨的码头，同时购置一艘轮船，即"北平"号，为北洋水师在旅顺、威海、烟台运煤。1890 年又添置了"永平""富平""承平"三艘轮船，组建了自己的船队运煤。此后在塘沽、广州、营口、上海等地增设码头、煤栈，负责煤炭销售。随着时间推移，开平矿务局对轮船招商局的依赖关系越来越弱，开平矿务局所欠招商局的 55 万两借款采用了分年以煤款抵账的方式进行偿还，至 1890 年底还清。招商局持有开平股票至 1892 年已不足 2 万两。

随着开平矿务局产量增加，招商局煤炭消耗量也在增加，由于当时的进口煤炭中，日本进口煤占大部分，中日甲午战争爆发后，日本政府禁止将煤炭销售给中国企业，招商局陷入用煤紧张局面。开平矿务局在保障北洋水师用煤的前提下，尽最大努力保障了招商局轮船用煤供应，使得招商局轮船没有停运，度过了燃料危机。这应验了 1879 年 12 月唐廷枢致信盛宣怀的预言："创办开平煤局，以济轮船之需，煤价既轻，经费节省，虽洋人合攻，谅我亦可自立。"

五、"仁济和"对机器织布局的投入

中国最早的纺织厂——上海机器织布局，是在 1878 年由前四川候补道彭汝琮倡议兴办，经李鸿章、沈葆桢奏准设立的。厂址设在上海杨树浦。1880 年李鸿章奏请朝廷拨付官款，并派候选道郑观应、江苏候补道龚寿图等主持，采取官督商办的办法，规定 10 年内只准本国商人附股搭办，不准另行设局。上海机器织布局遂订购英、美两国轧花机、纺纱机、织布机等全套设备组织生产，它是清末最大的机器棉纺织工厂。

1887 年、1890 年、1891 年工厂经数次改组，最后由天津商界名人杨宗瀎（他是盛康、盛宣怀的好朋友）、杨宗翰兄弟主持局务。在杨氏兄弟经营下，经过三年，织布局已有纺锭 35000 枚，布机 530 台，雇工约 4000 人，营业方始兴盛，每月可获利白银 12000 两。

1890 年 10 月，仁济和保险公司将公积金 30 万两，投资上海机器织布局。对此，1891 年 5 月 3 日，《申报》刊载的仁济和保险公司第五届账略记述了这件事情："查本公司章程，所收本银尽数并存银行，因奉北洋商宪札提银三十万存放织布局内，周年六厘行息。昨宣怀接建忠电报，布局借保险三十万，俟光绪二十五年还清官款后，接还保险，每年六万，至光绪三十年为止等语。容俟禀明，再行布告，此本项存拨大略也。"

上海机器织布局发展正方兴未艾之时，1893 年 10 月 19 日，机器织布局被大火焚毁。一场意外的大火，使数千工人流落街头，哭声震天。局中大部分机器设备被烧毁，损失约白银 70 万两。李鸿章倾 14 年心血一手创办的这家中国最早的棉纺织厂付之一炬。李鸿章毫不犹豫地将杨宗瀎、杨宗翰就地免职，决定委派盛宣怀负责重建织布局。

李鸿章在织布局遭到挫折时没有后退，而是认为中国纺织业一定要做到"所纺之纱与洋纱同，所织之布与洋布同。庶几华棉有销路，华工有生机，华商亦沾余利"，因此，织布局必须立即着手恢复。李鸿章认为盛宣怀"于商务洋务，尚肯苦志研求"，决定委派盛宣怀负责重建织布局。社会上也公认"盛宣怀的身份、势力和财力都适宜于担当此任"。

1893 年 11 月 26 日，盛宣怀"奉到规复上海机器织布局札委"。12 月 8 日，他"自津抵沪，从事规复织布局重任"，立即投入到重建织布局的工作中。12 月 20 日，他向李鸿章递交了《规复织布局禀》，系统地阐述了重建织布局的想法，主要包括：第一，评估织布局剩余财产，制定弥补损失方案；第二，积极筹集资本，加快重建步伐；第三，为织布局谋求优惠权，力图营造良好的经营环境。

对于结束之前的账目问题，经过清算，"布局官款二十六万五千余两，商股五十五万四千余两，其他股份约二十万两"。如何归还官款与商款，盛宣怀"与原织布局总办杨宗濂等协商，结束前账，招股集资，很快有了头绪"。他一反通常先官后商的做法，主张"所欠官款，悉归以后局厂按每出纱一包捐银一两，陆续归缴"。而非官款的损失，将织布局的地产等进行估价，所剩价值十余万两，盛宣怀以此"售以新商"接受。他把这仅剩的十余万两全部摊派给商家，"按旧股一千两先摊得二百两，填新股票，一律取利，其余旧股八百两，等新商获利陆续抽捐归补"。

为了加快筹建新厂，他将筹款计划分为两个阶段：先募集资金 50 万两，安装纺纱机 70 台，纱锭 2.5 万枚，先行纺纱；再筹集资金 100 万两，订购织布机 1000 张，纺纱机 100 台，在原有的基础上建一个大厂。

按此设想，他力图从上海、宁波、苏州等地的绅商中筹集资金 60 万两，其余则从仁济和保险公司、上海电报局等企业中筹集。但是，在民间的筹资活动并不顺利，至 1893 年底，只筹集到股银 30 万两左右。无奈之下，盛宣怀只得从官方机构及自己所掌控的企业筹集。第一阶段缺少的 20 万两，经李鸿章批准，由天津支应局和天津筹赈局各调拨官银 10 万两；第二阶段所需资金，主要通过仁济和保险公司和盛宣怀名下的钱庄来提供（其中仁济和保险公司"凑成三十二万附入"）。至 1894 年 2 月 5 日，盛宣怀向李鸿章报告说："规复织局，筹本百万，已有就绪。"①

---

① 以上参见陈明杰：《盛宣怀与华盛纺织总厂》，《长春工业大学学报（社会科学版）》2007 年第 4 期，第 101~104 页。

盛宣怀为了照顾商股的情绪，将原来官办性质"织布局"的名称，改为商办性质的企业的名称——华盛纺织总厂。1894年2月17日，他亲赴南京拜访总督刘坤一，就新建的华盛纺织总厂欲在江苏、浙江设分厂征求他的意见。不久，总厂决定在上海、镇江、宁波等地再设十个分厂，计划纱机32万锭、布机四千张。

1894年4月27日，"华盛纺织总厂的建设接近完成。'神旅'号轮船已抵吴淞，载有六百箱纱锭，'巴拉梅'号轮船另载来五百箱纺织机器设备"。由于设备的引进，5月1日，盛宣怀先后与美国人哈顿、威林顿订立了雇用合同。6月5日，盛宣怀"禀南北洋大臣为华盛进口机器三年免税"，请求政府给予支持。

纺织厂的恢复速度比想象的还要快，不到一年，于1894年9月16日就投产了，工人重新回到了纺纱机、织布机面前，脸上又出现了笑容；商人的损失逐步得到了补偿；李鸿章要把纺织业做大的愿望也实现了。

六、电报局贷款架设朝鲜境内电报线

在晚清时期，中国与朝鲜依旧保持着传统的宗藩关系。早在1882年，中国驻日公使黎庶昌鉴于日本积极策划铺设日朝间的海底电报线，向清政府提议建设一条由天津经旅顺至朝鲜仁川、汉城的电报线。1883年3月，日本与朝鲜签订《釜山口设海底电线条款》后，黎庶昌再次向清廷提出应尽早建设中朝电报线，清廷也认识到建造中朝电报通信线路的重要性。不过，受接踵而至的中法战事影响，设线计划又被搁置了下来。1883年底，日本长崎至朝鲜釜山的海底电报线建成，此后，"汉城至釜山，陆路五日可达，各国有要事，皆由釜山电局转递"。

1884年12月4日，朝鲜开化党在汉城发动政变，因缺乏快捷通信的渠道，过了六天北京才获悉政变消息。赴朝处理善后事宜的钦差会办朝鲜事宜大臣吴大澂，回国后就建议应尽早建设中朝电报通信线路：

"……由边界至朝鲜国都，约计设电之费，所需不过五万余金，该国亦颇乐从。"朝方通过吴大澂向清政府表示，由仁川架设陆线经汉城至义州达凤凰城共 1300 里，朝鲜财力一时难办，请由北洋筹借，限年归款。随后，李鸿章、吴大澂等人奉旨筹划架设中朝电报线事宜。

1885 年 6 月 22 日，李鸿章上《议展朝鲜电线折》，盛宣怀拟定了具体的架线方案，同意贷款 10 万两（该贷款实际上是从轮船招商局借贷，最终共贷 20 万两）给朝鲜作为建设经费，为免外界猜忌，以中国电报局名义贷出；贷款分 20 年归还，免计利息；款项还清以前，朝鲜电报线由中国电报局代管。1885 年底，架线工程全部竣工。这可以看做中国历史上最早的一次对外国基础设施建设的无息贷款。

该线路以汉城为中心，西至仁川，北经平壤、义州，过鸭绿江入中国境内，经凤凰城至沈阳，接入中国电报线通信网络。朝鲜境内设汉城总局及仁川、平壤、义州三个分局，以汉城总局总管朝鲜电报事宜。

日本为此耿耿于怀，一再提出抗议，鉴于当时其自身实力较弱，没有采取强硬措施，但仍坚持要求朝方架设一条汉城至釜山的电报线，并使该线与釜山的日本电报线连接，最后朝方做出让步，被迫同意日本的要求，与其签订了建造该线的续约，线路建成后朝鲜将仁川、义州的电报线接至釜山的日本电报局。

根据日朝所定电报续约，朝鲜政府应于续约签订后 6 个月内动工，建造汉城至釜山的电报线。按照清政府原先与朝方签订的条约，朝鲜境内的陆线，应由中方负责建造。盛宣怀通过清政府驻朝鲜总理交涉通商事宜的袁世凯与汉城电报局总办陈允颐，多次向朝交涉，但是，由于俄国、日本、美国等国的插手，迟迟不能动工。

1887 年 4 月 18 日，袁世凯、陈同书按照盛宣怀的意见，与朝方签订了《续立釜山设立电线合同》，规定朝鲜政府自设釜山线，永远不准他国侵权代设；此线路各局章程、报费定价均由华电局会商妥定，不得有碍华线权利，如违合同或侵占华电局权利，由华电局知照朝方禁改议罚等。设线经费最后由袁世凯具函作保，向德国世昌洋行贷款 3.4 万洋元，并托该洋行代购电线等物件。事实上，中方并非坚持要求釜山线的建设权，之所以不断与朝方进行交涉，主要目的还是在于防范外国势力，尤其是日本渗入朝鲜电报通信领域。在盛宣怀、袁世凯等人的积极干预，以及在朝鲜亲华官员金允植的配合下，釜山线建设问题虽历经波折，但最终以朝鲜自建、中方代管的方式妥善解决。①

1889 年，朝鲜政府打算修建一条汉城至元山的电报线，盛宣怀担心将来俄国设水线达海参崴，朝鲜由陆地设线至咸镜道，他认为："元山线成，西报尽必归俄，所留华线以通缓急，失其利犹当存其权。"当时，朝鲜政府不仅积极谋求自建元山线，而且还在策划收回境内各条电报线的管理权。盛宣怀认为朝鲜既有余款自建电报线，应先还清 1882 年招商局以政府名义贷给朝方的 20 万两款项。盛宣怀催促朝鲜政府归还招商局借款的目的，是迫使朝鲜政府再也不敢提还款收回电报线管理权的事情了。

最后，朝、中双方都做出让步，于 1891 年 3 月 24 日，签订了《中国允让朝鲜自设咸境总营元山春川至汉城陆路电线合同》。该合同规定朝鲜自设咸境、元山、春川至汉城电报线路，不许他国及公司在朝设线及不准他国代设；此线设成后，局章及报费价目均由中国电局会商妥定，不得有碍中国电局权利；此线仍归中国电局管理；中国官报免费；中国所设汉城、仁川、平壤、义州四局，朝鲜每年津贴湘平银 5000 两等。

甲午战争前，中国电报局协助朝鲜架设的一系列电报线路，为保障战事信息的传递创造了条件。

---

① 参见王东：《甲午战前中朝关系与朝鲜电报线的建设》，《史学月刊》2016 年第 6 期，第 51~55 页。

第四章 中国通商银行的创立

一、甲午战争失败后盛宣怀的治国理财思想

1895 年中日甲午战争结束后，当年 7 月 19 日，即《马关条约》签订后的第 94 天，光绪皇帝发出一道谕旨，宣称"当此创巨痛深之日，正我群臣卧薪尝胆之时"，"况当国事艰难，尤应上下一心，图自强而弥祸患"，并提出救亡图存的六项"力行实政"。①

1896 年 11 月 1 日，盛宣怀在获得专折奏事权之后，上的第一个奏折就是《条陈自强大计折》，陈练兵、理财、育才三大政，及开银行、设达成馆诸事。

盛宣怀在该奏折中说："泰西诸邦，用举国之才智，以兴农商工艺之利，即藉举国之商力，以养水陆之兵，保农工之业。盖国非兵不强，必有精兵然后可以应征调，则宜练兵；兵非饷竭练，必兴商务然后可以扩利源，则宜理财；兵与财不得其人，虽日言练，日言理，而终无可用之兵、可恃之财，则宜育才。"他将练兵、理财、育才三者有机地联系起来，作为治国的要务。

盛宣怀在奏折中历数绿营和湘、淮军练兵的弊端，指出"自甘废

---

① 盛承懋：《中国近代实业家盛宣怀——办实业走遍天下》，天津大学出版社 2018 年版，第 108 页。

弛，军制愈纷，饷力愈绌，兵气愈弱"。他提议"举绿营勇营悉去之"的淘汰法，"参酌西法，简练新兵三十万"，"选户籍可稽，未经犯罪，年在二十以上二十五以下，体质身干合格者录为常备兵，入营教练，期以三年退为预备兵，亦期三年退为后备兵，亦期三年退为民兵，期以五年除其兵籍"。他认为常备、预备、后备相结合的兵役法，好处很多："兵皆土着，游惰不录，其利一；更递进退，室家可归，其利二；事至征召，人皆练习，其利三；事毕归农，不流为匪，其利四。"新练的军队应该是"各镇营制饷章，统归一律；各营枪炮器械，统归一式"。

强兵必须以雄厚的财富为后盾，盛宣怀认为："理财有二义，开源节流尽之矣。""开源"即"广制造，兴矿政"，大力发展新兴的工商实业；开源的同时必须节流，"节流"首在塞漏卮，即与洋商争利。他说："欲求足国，先无病民；欲收商利，在挽外溢。"为此，必须免厘加税，即"径免天下中途厘金，加关税值百抽十"。"免厘则出口土货易于流通，加税则进口洋货或渐减少。取益防损，利在无形。所谓足国而不病民，且阴以挽外溢之利者此也。"盛宣怀的"足国而不病民"的思想，实际是"藏富于民"的想法，他认为只有加快发展经济，才能使国家强盛。

发展实业，除了人才，必须有充足的资本，否则开源节流就是一句空话。资本，不能靠借外债，而应在国内开发财源，这就必须办中国人自己的银行。银行有"聚举国之财为通商惠工之本"的枢纽作用，它不仅可以集腋成裘，变外债为国债，"不受重息之挟制，不吃镑价之亏折"，且能自行铸币，赶走洋钱，成为与洋商争斗的重要手段。

强兵也好，理财也罢，都必须有与之相适应的人才，否则将一事无成。为此，盛宣怀将培养新式人才置于首位。他建议中国各省除设一所武备学堂外，应设立一所综合性的学堂，"教以天算、舆地、格致、制造气机、矿冶诸学"。

盛宣怀认为练兵、理财、育才三大政，必须抓紧办，否则"年复一年，外人眈眈视我，一无足恃，肆彼要求，得步进步。无兵则不能保守利权，无饷则不能充养兵力，二者互为掣肘，甚至洋债不能再借，边土不能自保，至其时，始悔七年之病，不蓄三年之艾，殆已晚矣!"①

甲午战败之后，盛宣怀的思想认识也得以升华，他将发展实业与强军强国更紧密地联系在了一起，而要做好这一切，关键是"人才"。

他将创办中国人自己的银行看成"开源节流"的关键一着。②

终其一生，盛宣怀"于经国大计，谋富则主张造路、开矿；图强则主张练兵、兴学；理财则主张设银行、增税率、改币制；外交则主张牵制均势，开放口岸、阴结强援；拯荒则主张浚治河道、整实仓储、劝奖种植；而于铁道则主张干路国有；于币制则主张虚金本位，后之论治者，皆莫能出其范围焉"。③

二、盛宣怀欲创办中国人自己的银行

甲午战败后，外资银行在西方列强对华侵略中扮演着越来越重要的角色，更积极地在中国增设总行和分行，扩充地盘和业务，其中以日本金融势力的扩张最为突出。

外资银行不受中国法律管辖，且它们在创办之初由纯商业性逐渐兼有政治性，在一定程度上担当了外国政府对华侵略的代言人。当时的外资银行享有特权，垄断了外汇，破坏了中国经济及金融业的发展。这些外资银行经营业务非常广泛，除经营存款、放款、汇兑业务外，还经营很多只有主权国家的国家银行才可经营的业务项目，如发行钞票、经理外债、代理国库等，甚至业务还超出银行业范围，如代理关税、盐税等，操纵金融市场，进行经济掠夺，成为西方列强资本输出、经济侵略的有力工具。其间，外资银行依靠政治和军事力量的支持，通过对清政府的贷款，控制了中国的财政、金融等经济命脉。同时，外资银行还通

---

① 以上参见盛档，盛宣怀《条陈自强大计折》，光绪二十二年九月二十六日。

② 参见夏东元：《盛宣怀传》，四川人民出版1988年版，第204～207页。

③ 参见盛同颐等：《杏荪公行述》，《龙溪盛氏宗谱·附录五》，2011年修订版。

过发行货币控制中国金融，获取非法利益。外资银行之间的竞争主要是靠该国在中国的影响力程度，并不是靠正常的市场竞争手段。外资银行控制了外汇交易，中国企业要想从国外购买设备，必须通过外资银行。在这一过程中，外资银行不仅可以获取丰厚的利润，也可以借此控制中国的产业发展。

外国银行在中国的迅速扩张，以及对中国经济的压力，深深地刺激了国人自办银行的决心。

1895 年当清政府因《马关条约》而向日本赔款二亿两白银，在国内筹款时，曾问计于盛宣怀，盛宣怀很明确地回答，中国要发展经济、筹措赔款，就应该抓紧开办银行。当年 5 月 8 日，盛宣怀请户部速开招商银行，归商办而官护持之。①

为了说服清政府同意开办中国人自己的银行，他于当年 7 月起草了《开银行意见》，向政府阐明银行开办后，对社会经济等各方面的作用与影响。

1896 年 7 月，盛宣怀接办汉阳铁厂后，自然将铁厂、铁路、银行三者联系起来考虑了。他在给张之洞、王文韶的信中说，"今因铁厂不能不办铁路，又因铁路不能不办银行"，② 在另一封给张之洞的信中说，"铁路之利远而薄，银行之利近而厚。华商必欲银行、铁路并举，方有把握"。③

1896 年 10 月 19 日，当盛宣怀因督办中国铁路总公司一事被饬令到京面见光绪皇帝时，他在陈述关于修建南北铁路一事时，抓住机会向光绪皇帝陈述了应在中国开办银行的意见，明确提出"开银行宜官助商办"的原则。

1896 年 11 月，任督办铁路事务大臣、掌管多家洋务企业、接办汉阳铁厂不久的盛宣怀，向光绪皇帝上奏《条陈自强大计折》，并附《请设

---

① 参见夏东元：《盛宣怀传》，四川人民出版 1988 年版，第 500 页。
② 参见盛档，盛宣怀《寄王夔帅、张香帅》，光绪二十二年十月初八日。
③ 参见盛档，盛宣怀《致鄂督张香帅》，光绪二十二年六月十六日。

银行片》。盛宣怀说:"银行流通一国之货财,以应上下之求给,比之票号、钱庄要好。英、法、德、俄、日本之银行推行来华,'攘我大利',近年中外士大夫亦多建开设银行之议。现又举办铁路,造端宏大,中国非急设银行,'无以通华商之气脉,杜洋商之挟持'。"① 盛宣怀在奏折中,分析了当前国家的金融形势,强调了中国开办自己的银行的迫切性。

11月12日,光绪皇帝下诏,命盛宣怀"选择殷商,设立总董,招集股本,合力兴办,以收利权",着手筹办银行。盛宣怀随即就行动起来了。由于盛宣怀事先对开办银行已有了较为成熟的考虑,在接到上谕的十几天后,就组建了由他选定的既有经济实力,又有管理近代企业经验的张振勋、叶澄衷、严信厚、施则敬、严潆、朱佩珍、杨廷杲、陈猷等八位殷商组成的董事会,② 盛宣怀将自己所办的银行定名为"中国通商银行",简称通商银行。

三、盛宣怀精心挑选八位银行董事

盛宣怀为筹建中国通商银行,召集了八位殷商组成董事会。这八个人,都是当时上海滩呼风唤雨的非凡人物。如张振勋是南洋华侨巨擘;叶澄衷是五金行业巨头,号称五金大王,又是纶华缫丝厂、燮昌火柴厂的老板,上海巨富;严信厚是李鸿章的旧属,在上海帮办军饷和军械,后又办盐务,任长芦盐务帮办,积资巨万,成为宁波通久源轧花厂、通久源纱厂、通久源面粉厂、上海中英药房、华兴水火保险公司、锦州天一垦务公司和景德镇瓷业公司的老板;朱佩珍为华商巨擘,拥有华安水火保险公司、华商电车公司、定海电气公司、舟山电灯公司、舟山轮船公司、永安轮船公司、上海内地自来水公司、上海华商水泥公司、中兴

---

① 参见盛档,盛宣怀《请设银行片》,光绪二十二年九月。
② 参见盛档,《中国通商银行总董条例》,光绪二十三年二月二十二日。

面粉厂等；严潆和陈猷是轮船招商局的会办，杨廷杲是电报局总办，施则敬也是一个举足轻重的大资本家。

张振勋(1841—1916)，字弼士，号肇燮，1841 年出生于广东大埔县(今广东省梅州市大埔县)，近代华侨资本家。他家境贫寒，小时候只读过 3 年书，1856 年，15 岁的他到印尼荷属的巴达维亚(即雅加达)谋生。在那里，张振勋既缺乏资金又没有技术，只好在一家米店里打工。由于他干活麻利且有心计，结果被邻店一位姓温的老板招为女婿。从 1866 年起，他先后开办裕和、亚齐、笠旺、万裕兴垦殖公司，东兴矿务公司，广福、裕昌轮船公司等，成为南洋巨富。1892 年后历任清政府驻槟榔屿首任领事、新加坡总领事、中国通商银行总董、粤汉铁路总办、佛山铁路总办。1894 年后在国内投资兴办烟台张裕葡萄酿酒公司、广厦铁路公司、广西三岔银矿、惠州福兴玻璃厂、雷州垦牧公司等。1903 年获赏侍郎衔，三品京堂候补。他主张抵制洋货，以商战收回利权。1905 年赏头品顶戴，补授太仆寺正卿，继任商部考察外埠商务大臣、督办铁路大臣。1910 年任全国商会联合会会长。美国人曾把他称为"中国的洛克菲勒"。

张振勋

叶澄衷(1840—1899)，字成忠，原籍浙江慈溪，生于镇海，清末资本家。少时因家贫辍学，到油坊当学徒。1854 年(咸丰四年)到上海，在杂货店当店员。旋辞去，驾舢板往来黄浦江面，供应外轮所需物品，粗通英语，结识一些外国人，在经营中获利独厚。1862 年(同治元年)在虹口开设老顺记商号，经销五金零件。因经营有方，不数年，总号移于百老汇，并在长江中下游各商埠遍设分号，遂成巨富。继投资金融业，在上海、杭州、镇海、芜湖、湖州等地开设票号、钱庄，鼎盛时竟达 108 家。又相继开办上海燮昌火柴厂、纶华缲丝厂。1896 年盛宣怀筹办成立中国通商银行，被指派担任总董。成巨富名流后，他热心社会公益与慈善事业，在家乡和上海设立慈善救济机构，多次出资赈济浙、鲁、豫等省灾民，受清廷嘉奖。1899 年病重时念及少时失学之痛，决定捐道契 25 亩、现银 10 万两兴建中国第一所私立新式学校(1901 年建成，取名澄衷学堂，今澄衷高级中学)。是年 11 月在上海病故。

叶澄衷

严信厚(1828—1906)，字小舫，浙江慈溪人。中国近代企业开拓者，"宁波商帮"的开路先锋。1885 年受李鸿章委派任长芦盐务帮办，10 年间积聚大量家财。在上海创办"源丰润票号"，分号遍设天津、北京及江南各省重要城市，形成新型钱庄网络。1887 年，联络新生泰洋布店老板汤仰高集银 5 万两，在宁波创办通久源轧花厂，其是近代中国第一家机器轧花厂。1894 年，他创立浙江省最早的纱厂"通久源纱厂"，为当时浙江省规模最大、设备最先进、社会影响最大的民族资本企业。1889 年，他在慈溪创办浙江第一家火柴厂"慈溪火柴厂"。通过举办一系列实业，以其为代表的宁波商帮完成了由传统商帮向近代企业家群体的转型。

严信厚

施则敬（1855—1924），字临之，号强斋，又号子英，江苏吴江震

施则敬

泽人。1875 年(清光绪元年)乙亥科中举,以知县见用,因堵筑山东段黄河漫口有功,升知州。施则敬一生多次办理赈务,其足迹遍及七八个省。1904 年,施则敬奉旨创办中国红十字会,获奖佩戴一等金质勋章。1897 年,参与创建中国第一家民族资本银行"中国通商银行",任总经理、总董,并参与创办四明银行和"华兴保险公司"。

严潆,先后任招商局会办、提调,织布局提调。1885 年 8 月,盛宣怀被任命为招商局督办后,管理层重新任命。局中分为八股,提调严潆管银钱股。严潆在理财、管账方面受到盛宣怀信任,参与创建中国第一家民族资本银行"中国通商银行",为驻行办事总董。

朱佩珍(1848—1926),实业家。字葆三,浙江定海人,中国近代上海工商界领袖、上海总商会会长。14 岁到沪在五金店当学徒,17 岁任总账房和营业主任,三年后升经理。1878 年他自设慎裕五金店,同年,开设新裕商行,经营进出口贸易。后在上海日商平和洋行当买办,并纳捐二品衔候补道。他兴办实业涉及的领域包括五金、钢铁、航运、金融、纺织、水泥、造纸、榨油、保险等,创建了一个庞大的企业群体,为近代中国航运、金融、保险事业的发展做出了重大贡献。其投资的保险公司有:华兴保险股份有限公司、华安水火保险公司、华成保险公司、华安合群人寿保险有限公司。1926 年 9 月 2 日,朱佩珍在上海病逝。

杨廷杲,字旭初,号子萱,苏州东山人,是从苏州走出去的富商。

杨家始祖为汉代名臣杨震。明代的时候,有个叫杨敬宇的人迁居苏州,到杨廷杲时已是第八代。杨廷杲的祖父杨承宗"旧庐"在苏州城里的百花巷。太平天国运动时期,杨廷杲为避战乱迁居上海,弃儒经商,后来协助苏州人谢家福办理煤矿事务。因为他品德好、有气节,盛宣怀在办理电报局、金矿事务时,也委他重任,让其担任上海电报局总办。杨廷杲还参与兴办大缫纺织厂(后改名为大纯机器纺织厂),并负责山东、山西、安徽等地的赈灾事务,救活了众多穷苦百姓。他是电影明星夏梦的曾祖父。

陈猷，招商局会办，盛宣怀的莫逆之交，在招商局专管交涉之事。参与创建中国第一家民族资本银行"中国通商银行"，任总董。

虽然有如此非凡的人物鼎力支持，但在那个非常时代，创办银行属非常之举，盛宣怀因此历尽艰辛。

四、通商银行曲折的诞生历程①

1896 年 10 月，盛宣怀向光绪帝呈交开设银行的奏折。盛宣怀在这份奏折上写道："银行昉于泰西，其大旨在流通一国之货财，以应上下之求给，立法既善于中国之票号钱庄，而国家任保护权，利无旁挠，故能维持不敝。各国通商以来，华人不知务此，英法德俄日本之银行，乃推行来华，攘我大利，近年中外士大夫灼见本末，亦多建开设银行之议，商务枢机所系，现又举办铁路，造端宏大，非急设中国银行，无以通华商之气脉，杜洋商之挟持。"

盛宣怀的这一倡议得到光绪的首肯，光绪立即朱批，要求总理各国事务衙门会同户部"妥议具奏"。眼看中国人自己办银行的愿望即将实现，不甘受挫的英、俄、美、法、奥等国采取粗暴干涉政策，使得盛宣怀筹办银行之路充满荆棘。

第一个插手此事的是英国人赫德。他是英国在中国的代理人，一听说中国人想自己设立银行，他便声称要招华商开设中英银行，企图争夺商股。1896 年 6 月，赫德拟了一份银行章程递交给清政府总理衙门。

盛宣怀听说赫德"要招华商开设中英银行"，为了避免外国人进一步控制中国实业界，盛宣怀一方面向清政府反复强调："闻赫德觊觎银行，此事稍纵即逝。"他认为："赫有海关在手，华商必为笼络。"②他催促清政府早日批准通商银行的开办，如果自己不抢先设行，将无

---

① 此部分参见张姚俊：《近代中国第一家华商银行沉浮录》，http://www.archives.sh.cn/shjy/scbq/201501/t20150107-41880.html。

② 参见盛档，盛宣怀《寄王夔帅、张香帅》，光绪二十二年十月二十五日。

法与赫德较量。他愤慨地对李鸿章说："银行尤为诸务枢纽。开关互市，岂有聚吾国商民之财付诸英、德、法各银行之手，而自己毫不为之料理，尚自诩足国足民，有是理乎！"①另一方面，盛宣怀暗中说服了十个富商大股，募得华商股资300万两，为办理中国通商银行打下了基础。

第二个对中国人自办银行横加阻挠的是俄国。还在中国通商银行开始拟议时，华俄道胜银行就要挟清政府妄图参与投资。盛宣怀意识到俄国是国人自办银行的大敌，便毫不妥协地予以拒绝，还得出洋人没什么好怕的结论，并向清政府提出必须尽早开办华行的意见。

而最直接明目张胆地攫夺通商银行的是法、奥两国。它们的领事馆公使在通商银行已经开办后还毫不掩饰地向盛宣怀和清政府外交部门提出归并合办的要求。

对于外国势力提出的无理要求，盛宣怀一律回绝，他强调这只不过是中国开办的第一家自己的银行，洋行已经开了那么多了，中国通商银行不过仅此一家，有什么可紧张的呢？

但是，比起外部压力，清廷内部顽固派官僚的坚决反对显得更为猛烈。1897年1月，盛宣怀向总理衙门呈递了《公议中国银行大概章程》时，却遭到了总理衙门守旧顽固官僚的严厉驳诘。事实上，当时社会上对盛宣怀散布流言蜚语以相攻击者不乏其人，他们说盛氏揽轮、电、银行等权实为谋取私利。

更让人没有想到的是，竭力推荐盛宣怀督办铁路、接办汉阳铁厂的大臣张之洞也极力反对盛宣怀开办银行。这一方面是因为盛宣怀为李鸿章的幕僚，与李鸿章素来不和的张之洞，当然对李的僚属也心存芥蒂，更主要的是，盛宣怀当时还兼着轮船招商局、中国电报局、汉阳铁厂督办等数职，张之洞岂肯再让银行大权一并揽入盛宣怀手中。另一方面，张之洞担心盛宣怀开办银行后铸造钱币，会对他的湖北铸币局产生不利

---

① 参见盛档，《盛宣怀上李鸿章禀》，光绪二十二年十月二十五日。

影响。所以，当盛宣怀致电张之洞，期望得到他的支持时，张之洞回电称："铁路、银行为今日最大利权，人所艳羡者。独任其一尚恐众忌所归，一举兼营，群喙有词，恐非所宜。拟分为两事，嗣铁路定议后再议银行较为妥善。"表面上，张之洞认可了开办银行的重要性，但实则他想以拖延的方式，掣肘银行的筹备事宜。

盛宣怀并不为之动摇与罢手，为了挽回颓势，他一方面托李鸿章、翁同龢和王文韶等支持他的人从中疏通，另一方面用以退为进的手法，以从此不管银行事为要挟。结果，总理衙门的顽固派联名写信解释劝慰，最终，清政府勉强允许通商银行按原定日期开业。

中国第一家民族资本银行创办初期，顶着各种矛盾与艰辛，终于矗立于亚洲的东方，为近代中国金融史留下了浓重的一笔。

五、盛宣怀的金融思想与主张

盛宣怀的金融思想与主张是多方面的。

第一，他认为金融、银行是国家的经济命脉，必须掌握在中国人自己的手里。郑观应曾说："银行之盛衰隐关国本。"盛宣怀对郑观应的观点十分认同，当时盛宣怀正在督办铁路，他深知如果不掌握银行，铁路将一事无成。他对张之洞说："铁路之利远而薄，银行之利近而厚。华商必欲银行、铁路并举，方有把握。如银行权属洋人，则路股必无成。"他又说："华商无银行，商民之财无所依，散而难聚……若是银行权属洋人，则铁路欲招华股更无办法。"[1]因此，他坚决抵制洋人插手中国银行，夺走中国人的利权。

第二，西方列强入侵中国后，中国金融的格局已经变成由外国银行和本国的钱庄、票号等组成。而钱庄受制于外国银行，票号则无法独立运行，更无法与外国银行相抗衡，中国人必须奋起直追，一方面要逐步

---

[1] 参见盛档，盛宣怀《寄张香帅》，光绪二十二年六月二十日。

放弃已经不适应经济发展的旧式钱庄、票号；另一方面要积极创办新式的、中国人自己掌控的银行。

第三，盛宣怀认为创办银行有利于振兴国家经济。甲午战争失败后，清政府面临大量的战争赔款，曾问计于盛宣怀。盛宣怀在提出裁绿营、旗兵的饷费外，在兴利方面，集中于速办银行。盛宣怀说："至可兴之利甚多，取之民必假于商；欲取之于洋商，尤必假手于华商。故开关互市之天下，若仍不加意商务，未有不民穷财尽不战而弱者也。今言变法者多矣，然坐言易，起行难；立法易，收效难。始就力所能行，效所能速者筹之，则铸银币、开银行两端，实为商务之权舆。亟宜首先创办。"①他还认为，中国自己办银行，要做到"驾乎各行之上"；而银行要办好，关键在于"任用得人，一呼可集"。②

第四，盛宣怀认为银行的模式应为"官助商办"，银行在国民经济中的地位与作用是："流通上下远近之财，振兴商务，为天下理财一大枢纽。故欲富民必自银行始。"③

第五，盛宣怀认为，要办中国的第一家银行，仍须依靠政府的支持。他认为必须争取官本投注银行才能办到。盛宣怀在董事会议上说："俄行已入官股五百万，而中国银行转无官款，不足取信，为外人笑。一经洋商谣言倾轧，必使众商裹足"，故非领官款不可。但这个官款不是作为股份，而是"援创办招商轮船之例，暂借官款二百万，作为生息存项，包缴年息五厘，不计盈亏"。④ 此外，盛宣怀指出，"中国银行难做外国汇票，必须依赖各省官场汇票为正宗"，"铸银元行飞券，权利甚宏，统属之商，必有异议，与其得利后官夺之，不免失信于商民，诚不及官商合办之为愈矣"！⑤

---

① 参见盛档，盛宣怀《上翁同龢禀》，光绪二十一年七月初六日。
② 参见盛档，盛宣怀《致汪春宇函》，光绪二十一年闰五月十三日。
③ 参见盛档，盛宣怀《请设银行片》，光绪二十二年九月。
④ 参见盛档，盛宣怀《致翁叔甫信》，光绪二十三年十二月二十七日。
⑤ 参见盛档，盛宣怀《致翁叔甫信》，光绪二十二年十二月初八日。

第六，盛宣怀对于币制则主张虚金本位制。以黄金为本位货币的这种货币制度为金本位制，包括金币本位制、金块本位制、金汇兑本位制。第一次世界大战后，由于经济形势的变化，各国都放弃了金币本位制。20世纪20年代，英、法等国改行金块本位制，其他多数国家则实行金汇兑本位制。金汇兑本位制又称虚金本位制，其特点是：国内不流通金币，只流通银行券，银行券不能直接兑换黄金，只能兑换外汇；实行这种制度的国家的货币，同另一个实行金本位制国家的货币保持固定比价，并在该国存放外汇和黄金作为储备金；通过无限制买卖外汇，维持本国币值稳定，实现本国货币同所依附的金本位国家货币的联系。中国的币制必须适应世界币制变化发展的趋势。

以上大致反映了盛宣怀关于金融的思想与主张，在一百多年之前，他的理念与主张，应该说是超越绝大部分人的认知的。

六、招商局成为中国通商银行的大股东

1896年11月，盛宣怀开始筹办成立中国通商银行，通商银行名为商办，实系奉旨设立的官商性质，规定"权归总董，利归股商"，决定招商股500万两，先收一半即250万两。其中，"招商局严潆、陈猷即负责集股八十万两，'凑入中国通商银行'"，其中包括历年自仁济和保险公司公积金项下提取的60万两，电报局集20万两，并商借度支部库银100万两，议分5年摊还，至光绪二十八年（1902年）如约还清，纯留商股。盛宣怀名下包括他本人和李鸿章等的投资达73万两；北洋大臣王文韶投资5万两；通商总董中张振勋和严信厚投资10万两和5万两。以上几笔已近200万两，约占当时实收资本的80%，其余真正属于各地纯粹商人投资的股份为数极少。这样，轮船招商局实际成为通商银行的大股东。

中国通商银行股权结构

投资者	数额(库平银，两)	占比%
轮船招商局	800,000	32.0
电报局	200,000	8.0
盛宣怀、李鸿章等	730,000	29.2
王文韶	50,000	2.0
张振勋	100,000	4.0
严信厚	50,000	2.0
其他	570,000	22.8
总计	2500,000	100.0

其中：盛宣怀、李鸿章一栏，有相当一部分是挂在盛宣怀名下的别人的投资

1897年1月21日，盛宣怀请户部拨官款二百万两，存放于新办的银行，认为外人知有官款在内，足以取信，可与中俄银行争衡。

1897年1月27日，盛宣怀召集各商董议出银行章程二十二条初稿，章程奏明权归总董，利归股商，用人办事，以汇丰为准，商款商办，官但保护，而不管事，并借重外才，征用客卿，聘任英人美德伦为洋大班，沪上钱业领袖陈笙郊为华大班，借以融通中外金融，并确定名称为"中国通商银行"。当天盛即电告总理衙门称，银行名称原拟"中华商会银行"，因为沪港已有英商开设的"中华汇理银行"，似有重复。"鉴于海防多事，上下竞言自强，首需重视理财，以全国之财作通商惠工之本，银行乃中枢之设"，公拟"中国通商银行"作为筹组中的银行的名称。

1897年2月20日，《中国通商银行章程》正式制定、执行。3月23日，在先前八位总董之外，又增加杨文骏、刘学询两位总董，之后通过了《中国通商银行总董条例》(见书后附录1、附录2)。

1897年(光绪二十三年)5月27日，由盛宣怀创办的中国通商银行在上海外滩6号(今黄浦区中山东一路23号)正式成立。这是中国人自

办的第一家银行，也是上海最早成立的华资银行；但比第一家外资银行
在上海的设立，已整整落后了 50 年。

中国通商银行旧址

外滩 6 号所在地块原是美商旗昌洋行的产业，1872 年左右，该地
块产权被轮船招商局收购，盛宣怀是轮船招商局的督办，招商局又是中
国通商银行的大股东，因此中国通商银行以外滩 6 号为总部，对外营业
也是顺理成章的事。中国通商银行大楼始建于 19 世纪中后期，原为东
印度式样三层砖木结构建筑。如今耸立在外滩的中国通商银行大楼是
1906 年翻建的，由英商玛礼逊洋行设计师格兰顿设计，改造后为假 4
层哥德式风格的市政厅样式建筑，建筑面积约 4541 平方米。

中国通商银行上海总行开张后，天津、汉口、广州、汕头、烟台、
镇江等处分行陆续开设。京城银行本年亦已开办，盛宣怀认为今后自王
畿以讫各通商码头，血脉贯通，或不尽为洋商所把持。

通商银行成立之初，清政府即授予其发行银元、银两两种钞票的特
权，至此国中始见本国纸币与外商银行之纸币分庭抗礼之势，金融大
权，不复为外商银行所把持。银元券分一元、五元、十元、五十元、一

百元五种；银两券分为一两、五两、十两、五十两、一百两五种。其钞票的式样按照汇丰银行在香港发行的式样，正面印"The Imperial Bank of China"字样，并有洋大班美德伦的英文签字，反面印有"中国通商银行钞票永远通用"和"只认票不认人"等字样。该行最早的章程称，钞票的发行采用十足准备金制，但绝大多数年份的现金准备都远远低于发行数字。

通过钞票发行，通商银行获得巨额利润。如从 1905 年到 1911 年的七年中，通商银行发行钞票没有准备金的部分（每年平均 140 万两），按当时贷款最低利率 8% 计算，获取利润就高达 80 万两以上。

七、通商银行创业初期的辉煌

1897 年 5 月 27 日，中国通商银行在上海外滩 6 号正式成立。当时的外滩已是银行林立，汇丰、麦加利等外商银行纷纷抢滩此地，开设分行。然而，自 1843 年上海开埠后，在黄浦江西岸的这一弯黄金宝地上，却一直不曾有华商银行的踪影。作为中国人自办的第一家银行，也是上海最早开设的华资银行，中国通商银行的到来彻底打破了外商银行在华一统天下的局面。

由于当时国内并没有相应的银行管理制度或成规可资借鉴，所以中国通商银行的一切组织管理及营业规则皆参照外商银行的成例办理。盛宣怀虽是奉旨办行，却在银行最高管理层当中没有正式的名分。但这并不妨碍他对中国通商银行的掌控，因为银行最初的董事皆由盛宣怀所选定，而非股东选举产生。

为了向汇丰看齐，中国通商银行照搬汇丰的规章，同时聘用中国人和外国人担任大班（相当于经理职位），借以融通中外金融。中外大班各自设立账房，于是就出现了华大班与华账房、洋大班与洋账房各自为政、互不相谋、有事接洽的有趣局面。首任洋大班是曾在汇丰银行任职的英国人美德伦（A. M. Maitland），沪上钱业领袖、咸康钱庄经理陈笙郊出任首任华大班。洋大班身边设有翻译，后任中国银行总经理的宋汉章就曾当过洋大班的翻译。这种制度一直延续至辛亥革命之后。

中国通商银行成立之初，清政府即授予其发行银元、银两两种钞票的特权，至此国内始见本国纸币与外商银行的纸币分庭抗礼的局面，金融大权不复为外商银行所把持。中国通商银行的发钞权直至 1935 年才被国民政府取消，前后长达 38 年之久。其间，发行的银两票共 2 版，合计 350 万两；银元票共 8 版，合计 8520 万元。

除发钞外，通商银行并代收库银，全国各大行省，均先后设立分行，重要者计有北京、天津、保定、烟台、汉口、重庆、长沙、广州、汕头、香港、福州、九江、常德、镇江、扬州、苏州、宁波等处，业务盛极一时，至 1899 年底，各类存款已达 397 万两。

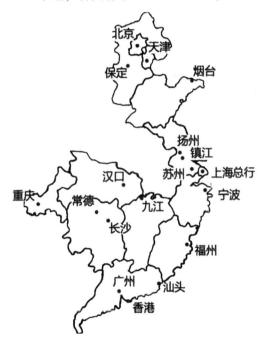

中国通商银行总行及分行分布图

1898 年 5 月，盛宣怀向朝廷奏《筹办中国通商银行次第开设情形折》，"请饬下户部通行各省关，嗣后凡存解款，但系设有该银行之处，务须统交该行收存汇解，以符事体，而树风声"。5 月 20 日户部接皇上朱批："户部速议，具奏。"旋即分别议准。盛宣怀要求朝廷给予该行存解其所在各省官款及发行债票和股票的权利，户部遵旨议奏，基本同意各省官款由当地通商银行汇兑，但须"将银行收存如何议生利息，汇兑如何议减汇费，先与各省关商订明确，务较私家票号钱庄尤为妥实省便"。①

最初几年通商银行存款的主要来源是清政府的存款，其次是官督商办企业的闲置资本，以及各地关道和道台的待解款以及少数买办、官僚的个人存款。从 1897 年仁济和保险公司将保险准备金存入中国通商银行开始，直到 1911 年辛亥革命爆发近 15 年里，其对中国通商银行给予了很大的支持。通商银行放款主要对象是外贸企业与新办实业，如1897 年底，对外国洋行、中国商号和钱庄放款 154 万两，占放款总额的 60%，这些洋行、商号、钱庄主要从事进出口贸易；向洋务运动中创办的近代企业的工业放款为 91.3 万两，占放款总额的 36%。而对民族资本主义工业的放款，辛亥革命前历年的余额占整个放款的比重都不足 10%。汉阳铁厂的扩建、萍乡煤矿的建设，以及卢汉铁路、粤汉铁路的建设，都得到中国通商银行资金上的支持。

① 参见胡政：《招商局珍档》，中国社会科学出版社 2009 年版，第 440 页。

第五章　中国通商银行的运作

一、通商银行的均衡用人之策

为了给中国通商银行创造一个良好的生存、发展空间，盛宣怀在银行人员的择取上可谓煞费苦心，既要保证独立运行，又要照顾各方利益，以满足他们的需求，盛宣怀采取了"均衡"各方利益的用人之道。

盛宣怀在筹划银行之初，原打算以严信厚开设在各地的钱庄为基础，加以扩充而成，后来因权益分配不均而不得不改为招股筹建。集股活动，又受以前官办企业经营业绩不良的影响，民间担心政府的干预而踯躅不前。为此，盛宣怀不得不借助自身所掌控的洋务企业以及熟人关系的入股以保证银行的成立；同时，为了避免清政府内部各利益集团的不满，他又凭借在官场中的人脉关系，促使清政府以非入股的形式存入100万两的临时资本，供银行较长期的使用，"以示官为护持，与寻常商家自行开设银行不同"。

中国通商银行尽管取得了清政府的认可，但欲想顺利开展和站稳脚跟，还必须处理好与政府、民间的关系。盛宣怀审时度势，在银行核心人物的任用上采取了"不官不商，亦官亦商"的方式，以平衡彼此的权益和获得他们的支持。

盛宣怀凭借自身掌控70%以上股份的优势，在银行核心人选——董事会成员的构成上，以汇丰银行的用人原则为标准而加以变通，"不用委员而用董事，不刻关防而用图记，尽除官场习气，俱遵商务规矩"，以此确定通商银行"商办"的经营原则。照此原则，大股东盛宣怀指定了与其关系密切的张振勋、叶澄衷、严信厚、施则敬、严潆、朱佩珍、杨廷杲、陈猷等八人为总董(后又增加两人)，组成银行的董事会。

随后，针对银行董事人员的产生和变迁，盛宣怀又在此基础上制定了《中国通商银行总董条例》，专门对总董的退位、补选等问题作了全面而详细的规定，即"每人名下必须有股至少一百股，方许接任"，可见盛宣怀刚开始是在拥有一定比例股份的股东中遴选董事的。在上述总董成员的基础上，又从中挑出三人为办事总董，其余为议事总董。按盛宣怀的说法，"泰西商例，公举首领按期到行筹议，谓之议事总董，长年驻扎总行，整饬应兴应革，主持黜陟进退，暨一切商务出入大计，谓之办事总董"。盛宣怀通过设立总董，实现权力的集中，达到代表股东利益的目的。

因此，银行董事会成员的构成尽管都是从股东中产生，但是在建行之初，他们并不是真正通过股东选举而成，而是由银行的创办者、大股东盛宣怀综合各方面因素而选定的。为确保银行的顺利运行，盛宣怀始终将大权操纵在自己的手中。而从遴选的总董人员看，基本都是官员重臣和殷商富户。

在确定核心人员构成后，盛宣怀面对的局面是：与外资有关系的业务完全被外资在华银行垄断，与国内有关的业务又被钱庄等旧式金融机构控制。因此必须处理好上述两者的关系，以确保新生的通商银行能够在内外夹击下赢取生存空间。为此，盛宣怀在经理层的构建上审慎地采取了"不中不西，亦中亦西"的用人策略，"借重外才，征用客卿"，聘用曾任职汇丰银行的英国人美德伦为第一任洋大班，以平衡与外资在华银行的关系；任用中国的钱业领袖陈笙郊为第一任华大班，以融通与传统金融机构的关系。华、洋共用的用人机制与汇丰银行"如出一辙"。总行、分行经理人员分为两大部分：洋账房和华账房。洋账房的核心是洋大班，有权决定与银行有关的存款、放款、资产处理、人员选聘等业务；华账房的核心是华大班，可遴选其他经营人员，共同组成银行的经营管理层。

经理层人员华洋杂用的用人之策虽然遭受人们的诟病，表面上增加了银行交易成本，但实际上，任用洋人为洋大班有诸多好处：一来可以借助洋大班的关系打开与外国在华金融机构的业务来往，直接参与汇兑等业务；二来借此加入外国银行在华同业公会，又使通商银行发行的钞票能够取得外资在华银行的信任，得以较快流通。这些策略都有效地避免了外国势力企图干预、兼并、合办中国银行业的目的，还借助洋人的"威望"阻止来自晚清各级政府的无端干扰，使银行真正按照市场规律独立运作。而聘任钱业人士出任华大班，则利用其在旧式金融关系圈中的影响力，建立与旧式金融机构的业务往来，打开与社会各界的业务关系。这种内外兼顾的用人之策，大大促进了通商银行业务的发展。①

二、通商银行发展的"一波三折"

通商银行在取得创业初期的辉煌不久，就不断地在内外交困中挣扎。事实上，这种困境在通商银行成立前就已存在。1897 年 2 月 2 日，盛宣怀将其所起草的银行章程 22 条电告总理衙门后，总理衙门在 3 月 14 日的复文中提出了 9 条异议，其中，最主要的是总理衙门反对把总行设于上海，认为应在上海和北京均设总行，同时在各地设立分行。盛宣怀在给总理衙门的回文中强调了在上海设总行的必要性，因为上海是外贸的中心和银行股东的所在地。他还举例说：汇丰银行在香港设立总行而在伦敦只维持　家分行。

总理衙门的第二个不满意是 20% 的余利，他们要求有 50% 的余利和 50% 的铸币利润。盛宣怀以西方银行为例进行反驳，他说，西方银

① 以上参见兰日旭：《盛宣怀与中国通商银行的均衡用人之策》，《中国保险》2011 年第 18 期。

行虽然股息的个人所得者要纳税，但银行本身不向政府交纳派款，还说增加税收会吓跑那些商人投资者，对银行不利。

总理衙门还认为第 19 条关于纸币发行量不得超过实收资本价值的规定是不适当的，要求有一批相当于纸币价值一定比例的现银储存于北京。盛宣怀则坚持所有现银须只留存于中国通商银行，反对官方插手。

更为奇怪的是，总理衙门要求所有 10 万两以上的交易都要立即报告，并且银行资本不能够用来做买卖生利，也不得进行房地产投资。盛宣怀对此极力反驳，称通商银行既是商办，有权根据自己的有关规则借贷资金，银行的顾客也不愿意让政府知道他们的金融事项，如要汇报，则必然影响银行生意。

经过据理力争，虽然盛宣怀摆平了总理衙门对通商银行的指责和企图控制该行的措施，然而一波未平，一波又起。

1897 年 4 月，监察御史管廷献上书弹劾盛宣怀，说他独揽银行、轮船、电报大权于一身，全为图谋私利，对通商银行的半官方地位和股份制组织形式也大力反对。4 月 30 日，一道上谕发布，让张之洞和王文韶议处此事，此举表明光绪皇帝对通商银行是否交由商人经理的信心开始动摇。盛宣怀闻之极为恼怒，遂以退为进，接连两次向北洋大臣王文韶提出辞职，信中大呼："似此糊涂世界，何以尚想做事？"准备"挈全眷而返，举亲耕读，从此再不与人言家国事！"王文韶自然竭力挽留，一方面在朝廷面前尽力为盛宣怀开脱，一方面又力促银行开设所需的官方股款尽快到位。

盛宣怀勉强收回辞呈，忽又传来总理衙门对开办银行的信心又动摇了的消息。如此视国家大事如同儿戏，毫无章法可循，盛宣怀忍无可忍，再次上书总理衙门，指出中国通商银行势在必办，"中外早已传扬，若届期不开，失信莫大于是，商股必致全散，以后诸事万难招股"！经过艰苦的努力，中国通商银行如同一个难产儿，在千呼万唤之后，终于诞生于外国银行林立的上海滩。

银行开张之日，盛宣怀没有出席开幕盛典，他拿着银行已按期揭幕的电报，举目远望，长长地吁了一口气……

不幸的是，这个新生儿诞生不久，就面临着险恶的生存环境，其发展步履维艰。1898 年夏，盛宣怀奏请皇上，详细说明了银行的成功对中国经济发展的重要性，又说中国通商银行敌不过在通商口岸的外国竞争者，因此，需要朝廷支持，请求皇上敕令户部通知各省，以后所有官款均应经由中国通商银行汇解。这种要求暗含着盛宣怀把通商银行改组为中央银行的设想，虽然光绪帝于 7 月 13 日发出上谕答应了这一要求，但实际上各省官员因为自己的切身利害关系，对上谕阳奉阴违，拒绝执行，从而使盛宣怀的计划半途而废。

更难以预料的是，正当通商银行业务极一时之盛时。1900 年（光绪二十六年），八国联军攻占北京，京行首遭焚毁，天津分行亦随之收缩，业务渐告不振，到 1905 年只剩下北京、汉口两个分行和烟台一个支行了。

1901 年，袁世凯就任直隶总督兼北洋大臣，盛宣怀立刻感到形势不妙，因为袁世凯与盛宣怀向来不和。果真，袁世凯上台后对付盛宣怀的招数之一，便是另办一个国家银行，取消了通商银行发行银元、代行国家银行的职能。盛宣怀一再要求，为不失信于商民，可以把通商银行改为官商合办，但袁世凯不予理睬。1905 年，户部银行设立，作为国家银行经营。由此，中国通商银行的官方地位衰落了。

与此同时，通商银行也受到了外国银行的严重威胁。先是 1903 年，法国人提出要合并通商银行，盛宣怀告其中国商务极大，各国可随时添设新行，而中国是主人，仅一通商银行，论面子也断不能少，婉拒合并要求。随后，奥地利领事又来商谈合并之事，盛以同样口气拒绝。1908年，盛宣怀任邮传部右侍郎，离开了他一手创办的通商银行。随后，通商银行在艰难时世中苟且生存。①

----

① 以上参见《银行之父盛宣怀（通商银行历史）》，http://m.sohu.com/a/234655416-100182170。

三、中国近代银行史上的伪钞第一案

然而，就在银行业务缓慢上升之时，一桩突如其来的伪钞案给中国通商银行以沉重的打击。

中国通商银行成立后，经清政府批准，获得了发行"银元""银两"两种钞票的特权。当时的钞票在英国伦敦印制。银元券分一元、五元、十元、五十元、一百元五种，合计235万元；银两券也分一两、五两、十两、五十两、一百两五种，合计50万两。

1903年，中国通商银行遇到了一次恶劣的假钞事件，由此引发了中国银行业第一次挤兑风潮，险些使根基还不稳的中国通商银行遭受灭顶之灾。当年2月4日，农历正月初七，中国通商银行开门迎新。一个钱庄的伙计拿着通商银行的钞票到柜面上去兑现，柜面人员接过钞票，发觉上面的号码有些不对，经过反复仔细查验，发现居然是假钞。大惊之下，银行工作人员立即报了警，很快巡捕将钱庄伙计扭送至官府。

在当时，银行收到假币是罕见的重大事件，通商银行的钞票有假的消息不胫而走。第二天，上海各钱庄相约拒收通商银行的钞票，市民纷纷拿着钞票前往通商银行兑换银元和银两，一些流氓无赖乘机起哄，市面谣言四起，秩序大乱。挤兑风潮发生后，通商银行想方设法筹集现金。盛宣怀以金条、银条向汇丰银行抵押了70万元，并委托汇丰银行代为收兑。2月8日是星期天，通商银行为了便于持票人的兑换，依旧照常开门收兑。

据统计，6日、7日、8日三天，通商银行共兑付70万元，而从1897年通商银行成立至1903年挤兑风潮发生前，通商银行总共发行纸币不过130万元。三天之中，挤兑数量已超过以往发行额的一半，可见挤兑风潮的凶险程度。在极短的时间内，盛宣怀凭借其在业界的声望和实力，筹措了现银100万元以上，使通商银行未因大量"失血"而倒闭。

2月6日，一个日本人拿着4000元通商银行假钞前往汇丰银行兑换现银，被柜面人员识破，经过跟踪，终于掌握了假钞的来源。原来制作假钞的是 6 个日本人。他们掌握了印刷和刻印技术，在日本大阪地区伪造了通商银行的五元券和十元券两种钞券，偷运来华。经查，这伙日本人共印制假钞约 30 万元。

盛宣怀通过外交途径敦促日本政府破案，却得到一个不甚明了的答复。日本政府仅仅将制造假钞的机器、版样、纸张等烧毁，借口伪票所造不多，已经全数烧毁以及伪造他国钞票、日本法律无专门条例为由，对此案未做认真深究，结果不了了之。盛宣怀对此也只能徒叹奈何。

因这次假钞事件，中国通商银行只得将所有发出的钞票一律收回，已印好尚未发出的钞票也一并销毁，并重新花高价委托英国的印钞公司印制新版银元票。新钞面额为 5 元、10 元、50 元三种币制，为与旧钞相区别，新钞另增加了招财进宝的财神像，此财神的形象也成为中国通商银行纸币的特殊标志。①②

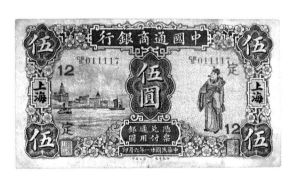

中国通商银行钞票

①　参见盛承懋：《盛宣怀与"中国的十一个第一"》，西安交通大学出版社2016 年版，第 140~142 页。

②　参见张姚俊：《近代中国第一家华商银行沉浮录》，http://www.archives.sh.cn/shjy/scbq/201501/t20150107-41880.html。

四、盛宣怀重用金融理财人才

甲午战争失败后，盛宣怀清醒地认识到，中国要变强，必须有一大批新型的人才。

他在提出"自强首在储才，储才必先兴学"的同时，也意识到必须通过实践抓紧培养人才、任用人才，包括大量的金融理财人才。他在创办中国通商银行的时候，选择的张振勋、叶澄衷、严信厚、施则敬、严潆、朱佩珍、杨廷杲、陈猷等八位总董，在当时都是各行业的理财高手，像严信厚就有丰富的办钱庄的经验，严潆对财务方面有较强的管理能力。

盛宣怀任用的中国通商银行第一任、第二任华大班，也都是当时的理财高手。陈笙郊，上虞小越人，早期至上海方家钱庄任经理。1880年，陈笙郊与屠成杰、王冥生、谢纶辉、罗秉衡、袁联清、李墨君等人发起成立北市钱业会馆。陈笙郊与镇海方性斋与金山黄氏合股创设"承裕钱庄"，事业越做越大，此后该会馆成了上海钱业的业务协调中心和领导中心；谢纶辉出身浙江余姚谢氏，家族世代务农，他迫于生计年轻时到上海，经人介绍进入陈笙郊的钱庄当学徒，几年后得到了陈笙郊的器重，钱庄事务都交给他打理。谢纶辉一直作为陈笙郊的左膀右臂辅佐他，积累了丰富的银钱业经验，更是被公推担任"承裕钱庄"的经理。在谢纶辉的经营之下，承裕钱庄业务蒸蒸日上，经营数载，承裕钱庄一跃成为业中翘楚。陈笙郊担任中国通商银行第一任华大班时，谢纶辉代替陈笙郊做了北市钱业的总董，陈笙郊死后，谢纶辉当仁不让地成为中国通商银行的第二任华大班。

1904年10月16日，盛宣怀重新布局通商银行，委任王存善、李钟珏为驻行总董，顾润章为驻行分董。王存善，浙江杭州人，早年随父在广东谋生，曾在广州税局任职，1900年迁居上海，因擅长理财而受盛宣怀赏识，曾主持招商局并担任汉冶萍公司董事等职。李钟珏，江苏苏州人，1900 年入张之洞账下，翌年，任陆军武备学堂提调。回沪后，从事商业活动。1903 年后任江南机器制造局提调，并兼轮船招商局、江苏铁路局董事之职。两人都是理财高手，1904 年同时被委任为通商银行驻行总董。

盛宣怀为了办好银行，除了任用原先钱庄出身的理财人才外，很多是从他先前经营的轮船招商局与汉冶萍公司中发掘出来的理财人才，王存善、李钟珏就是如此，再如民国时期任中央银行总裁的贝祖诒，先前也是汉冶萍公司的会计。

要讲到贝祖诒，就要先提到他的父亲贝理泰（1866—1958 年）。贝理泰，号哉安、鞠缘，苏州人。他是 1890 年（光绪十六年）中的秀才，后来未再应试。1892 年至 1911 年，贝理泰历任上海吴淞口货捐分局、上海南绸捐局及吴县、新阳、金匮、南汇、镇洋等县赋税会计员。1915 年入股参加上海商业储蓄银行。1917 年任总行董事兼苏州分行经理。在他主持下分行大量吸收社会零星存款，业务发展很快。随后，他又扩大经营范围，开办旅行部，代购火车、轮船票及旅行开发等业务，并正式成立中国旅行社苏州分社，贝理泰兼任经理。

当时上海商业储蓄银行的董事长是庄得之，董事长和董事之间的关系，既是投资伙伴，也是至交好友，因此，庄得之的女儿庄莲君也就顺理成章地嫁给了贝理泰的儿子贝祖诒。

贝祖诒号淞荪，生于 1892 年，1911 年考入唐山交通大学（现西南交通大学）。

由于庄得之的族妹是盛宣怀当时当家的夫人庄畹玉，因此贝祖诒也得以结识盛家，从而进入盛宣怀主办的汉冶萍煤铁厂矿有限公司，担任上海总办事处统计部会计，这是他进入财经界的开始。由于他办事游刃有余、精益求精，为人作风正派、公私分明，深受盛宣怀及同事的好评。

贝祖诒的人品与能力很快被当时上海的金融界所认可，受上海银行创办人陈光甫的赏识，陈便向央行总裁张公权作了推荐。尽管汉冶萍公司有些不舍，但还是忍痛割爱，这样贝祖诒于 1914 年离开汉冶萍，出任中国银行北京总行会计,这是他进入金融界的开始。之后,他先后担任广州、香港、上海分行经理及总行副总经理。抗战胜利后,时任行政院长、掌握财政金融大权的宋子文,极为赏识已是中国银行副总经理的贝祖诒,经他推荐,贝祖诒于 1946 年 3 月 1 日出任中央银行总裁。

贝祖诒虽身居要职,但公正廉洁,在他负责的银行中从不任用亲戚。众多兄弟、子侄从事金融工作,但没有一人是在贝祖诒的银行工作的。

另外,值得提到的是,贝祖诒是著名建筑师贝聿铭的父亲。

五、盛宣怀的铸币主张

1535 年西班牙殖民者在墨西哥建立第一家造币厂之后,至 16 世纪末,墨西哥境内已有几十家造币厂。18 世纪到 19 世纪,墨西哥铸造的银币开始大量流入中国、印度、日本等远东市场。

鸦片战争后,外国银元入侵,抢夺了中国的块银纹银之权。铸币是商品经济的必然产物,但是,由于清政府的无能,不能适应经济发展的客观需求,直到 1889 年张之洞在广州才开始正式铸造银元,与外国银元抗争。

其实,1886 年盛宣怀任山东登莱青兵备道时,曾奉命在烟台试铸银钱,并将试铸的银钱送李鸿章验看。李鸿章的回答是:"银洋钱花纹甚佳。此事造端宏大,非农部同心主持,不能开办。得人尤难。钢模应缓制。"①李鸿章的意见是铸币牵涉到国家币制,不是一位中级官吏的道员所能承担的,盛宣怀只好作罢。

1895 年《马关条约》签订后,盛宣怀及时提出了铸币的意见。他认为铸币应由国家掌控,不准外币在国内通用;他又认为:"中国铸银系国家圜法,成本无多,获利甚厚。自应归官局管理,未便作为公司。但

---

① 参见盛档,李鸿章《寄烟台盛道》,光绪十五年二月初六日。

当通融悉照商务办法，不可绳以官例，方免亏折成本。"①即在铸币方面，坚持收回利权，并且应按照商务原则铸币以做到有利可图。

1896年10月，在盛宣怀有权直接向皇上奏事后，他上的第一个奏折《条陈自强大计折》中，就把办银行、自铸银币作为重要一项上呈。其中特别强调的是"货币自主，抵制外币通用"。他在奏折中说："臣愚以为国家圜法，自古及今，皆自为制度，随人趋步，各国所无"，② 主张金融自主。

1901年夏，朝廷电旨："饬江、鄂、粤三督会同盛宣怀议复银元币制。"刘坤一、张之洞等均"主七钱二分，盛欲参用衡法并主张铸重量一两之银元，故未列名"。③

盛宣怀不赞成将国内已经自铸的七钱二分的银元，继续铸造下去。因为，当时墨西哥等国的七钱二分的银元，在中国市场上已经很多。据清朝宣统二年(1910)度支部调查统计，当时中国所流通的外国银元约有11亿枚，其中有三分之一是墨西哥"鹰洋"(1823年后，墨西哥硬币开始刻有墨西哥国徽上雄鹰的图案，银币也称为"鹰洋")。

盛宣怀认为，中国所铸的银元的分量与外国银元的分量相同，难以起到抵制的作用，从而主张铸一两重的银元。他说："本国只准通用本国银币，不准兼用他国银币，所以严守其自主权利也。"④

盛宣怀指出，若中国也铸造七钱二分的银元，货币就难以做到自主，因为那样外币将与华币混淆使用，实际上存在两种货币，华币将随着外币的涨落而涨落，被人家牵着鼻子走，盛宣怀说："圜法之乱，何以为国!"⑤

1908年清政府在币制上问计于盛宣怀。盛宣怀认为："立宪最重要

---

① 参见盛档，盛宣怀《铸银币意见》，光绪二十一年七月。
② 参见《愚斋存稿》卷1，第7页。
③ 参见夏东元：《盛宣怀传》，四川人民出版社1988年版，第517页。
④ 参见盛档，盛宣怀《谨拟筹饷事宜》，光绪二十五年。
⑤ 参见盛档，盛宣怀《寄香帅》，光绪二十五年十一月初九日。

理财",理财"先齐币制,以裕财政"。如何做到"齐币制"？他说:"非专用圜法不可;欲专用圜法,非确定十进位不可。"他总结过去改革币制的经验说,应将"银行与币局联络一气",中国从前"所造龙元未足抵制墨银,继造铜元,转以加增民困,皆官自为之,与商民隔膜,则不归银行管理之病也"。① 事实上,墨西哥从1863年开始,亦已采用十进位制的硬币,1比索的银币开始流通,即在中国市场上所称的"墨银"或"鹰洋"。1909年4月初,盛宣怀向朝廷上"推广中央银行先齐币制"一折,附陈各种办法成式,及各种币制统归银行主办等条议。②

这种币制与银行相连、币制十进位、统一币制等意见,都是很有见地的,对日益发展的商品经济,必将起到有益的推动作用。无怪清末外交总长孙慕韩(孙宝琦)称他为"海内通达财政币制者,惟公首屈一指"!③ 1910年8月,清政府授予盛宣怀特有的"帮办支部币制事宜"的制币权。

六、新式民营银行纷纷诞生

中国通商银行的诞生,为上海开办新式银行作了先导。尽管它的发展"一波三折",但是它的创办带动了一批新式银行的创立。在它成立后的第8年,即1905年9月(光绪三十一年),官办的户部银行(后改名大清银行)在北京成立,同年10月在上海开设分行。1906年2月(光绪三十二年),川源银行(总行重庆)上海分行开设;4月,周廷弼发起组织的上海信成银行成立。次年,尹克昌组织的镇江信义工商储蓄银行,及浙江铁路公司组织的浙江兴业银行(总行杭州),先后在上海设立代理处或分行。于是,上海的华资银行逐渐增多。其后市面上又有于光绪三十四年(1908年)设立的,由邮传部奏请开设的交通银行(总行北

---

① 参见盛档,盛宣怀《请推广中国银行先齐币制折》,宣统元年闰二月。
② 参见夏东元:《盛宣怀传》,四川人民出版社1988年版,第530页。
③ 参见《愚斋存稿》卷75,第19页。

京)分行，李云书等创办的四明商业储蓄银行和盛昌颐创办的裕商银行，有1909年、1910年(宣统元年和宣统二年)设立的，由官银号改组的广西银行(总行桂林)和浙江银行(总行杭州)两家分行。

受盛宣怀创办的中国通商银行的影响，盛宣怀的长子盛昌颐(系作者的祖父)于1908年9月29日(光绪三十四年九月初五)，创办了裕商银行，银行兼办储蓄。盛昌颐自任总经理。这是中国近代最早的新式民营银行之一。裕商银行关于储蓄的条款明确规定为："储蓄专代农工及小本经纪之人收存零星款项，凡有银满一元以上者，不论何项人等，均可来本银行存储，到行立即给以存簿，凭簿往来收付本息。其息长期及半年者周息五厘，不满半年者周息四厘。"这在晚清末年是有开创性意义的，其与同年在常州设立的和慎储蓄公司规定的"凡一元以上皆可存储"的条款基本是一致的，确定了清末银行储蓄存款1元起存的通例。裕商银行最终因主要创办人、盛昌颐总经理的病逝而主动歇业。

中国的官办银行因为体制问题，发展势头逐渐落在了民营银行的后面，显赫一时的私人银行"南三行"，成为中国金融界极为耀眼的新生力量。

浙江兴业银行、浙江实业银行以及上海商业储蓄银行并称为"南三行"，总部都设在上海，可以看做江浙财团的组成部分，但是它们在经营管理上各自独立，对南方乃至全国的金融界都有很大的影响。从时间上来说，浙江兴业银行是"南三行"的老大哥。它成立于1907年，由浙江铁路公司发起，经营方面素以稳健著称。

在清廷向外商借款、牺牲铁路利权的时候，虽然各省都修筑了铁路，但是精明的江浙人没有让政府控股，浙江的开明绅士团结起来成立了浙江铁路公司。公司公开招募铁路的股份，一下子竟筹集到2300万元股款，比外商承诺的借款多了两倍还不止。可是当时浙江连一家华商银行都没有，把这么多钱分别放在沪、杭30多家钱庄里，不论是支取还是保管都很麻烦。这时，铁路公司的总经理汤寿潜就提议不如趁此机会成立一家华人的银行，不用受外商银行掣肘，也能确保铁路营运资金的流转，这个提议得到了大多数商人的赞同。于是，浙江兴业银行以

"振兴实业"为名应运而生，浙江铁路公司当仁不让地做了大股东，而蒋广昌绸缎庄的儿子蒋抑卮也投资入股，成为浙江兴业银行的实际掌权人。

浙江实业银行创办于 1909 年，比浙江兴业银行晚了两年，前身是浙江银行，属于地方性质的官商合办银行，专门为浙江省政府打理库款。浙江实业银行开办之初，除了受理一般银行的业务之外，还能发行钞票和军用票，后来官商决裂，银行金库就被移交给作为央行的中国银行，官办部分成为浙江地方银行，民营部分成为浙江实业银行。浙江实业银行的总经理李铭，也是华资银行的领袖人物之一，与上海商业储蓄银行的陈光甫、中国银行的张嘉璈私交都很密切。

"南三行"的后起之秀上海商业储蓄银行，其总经理陈光甫自不必说，从创办银行的那天起，他就成为近代中国乃至世界金融市场上的焦点人物，这里就不再多言了。

第六章　招商局与汉阳铁厂的资金筹措

一、盛宣怀拟定铁厂招商承办章程

1890 年，张之洞创办的铁厂在湖北汉阳龟山脚下正式动工兴建，铁厂定名为"汉阳铁厂"，经过三年的努力，1893 年 9 月，汉阳铁厂正式建成投产。全厂包括生铁厂、贝色麻钢厂、西门士钢厂、钢轨厂、铁货厂、熟铁厂等六个大厂和机器厂、铸铁厂、打铁厂、造鱼片钩钉厂等四个小厂。汉阳铁厂创办时，经费预定为 246 万余两，1892 年清政府增拨 42 万两，到建成时，实际支出 560 万两左右。

坚持"官本官办"模式办汉阳铁厂的张之洞，厂房设备建成了，但是钢材的产量质量上不去，最关键的是没有合适的煤源支持其长远发展，张被搞得"心力交困"。甲午战败后，国库空虚，铁厂的资金无以为继，于是，张之洞打算要交"棒"了，他下决心把这个"棒"交给盛宣怀。

1896 年 5 月 14 日（光绪二十二年四月二日），盛宣怀接到张之洞的《札委盛道督办汉阳铁厂》，十天后即 5 月 24 日，盛宣怀就正式接办了汉阳铁厂。①

1896 年 5 月 23 日（光绪二十二年四月十一日），盛宣怀向张之洞呈

---

① 参见夏东元：《盛宣怀传》，四川人民出版社 1988 年版，第 191 页。

上《接办汉阳铁厂禀》的公文，张之洞将此公文连同盛宣怀先前拟定的《招商章程八条》，交由湖北藩臬两司、铁政局司道详细研究，提出补充修订意见，于6月24日(农历五月十四日)，发给盛进行修订，在盛宣怀修订的《铁厂承办议定章程折》的基础上，6月26日(农历五月十六日)，张之洞向朝廷上奏《札盛宣怀添定铁厂招商章程文》，算是对汉阳铁厂招商承办的一个交代。

张之洞在文中说："该道才猷宏达，综合精详，于中国商务、工程、制造各事宜，均极熟习，经理招商局多年，卓有成效，久为华商所信服。经臣电调来鄂，劝令力任其难，檄饬将湖北铁厂归该道招集商股，一手经理，督商妥办，并即督饬司道与盛宣怀酌议章程，截清款目，其大指以嗣后需用厂本无论多少悉归商筹，从前用去官本数百万概由商承认，陆续分年抽回，惟限期须从宽缓。俟铁路公司向汉阳铁厂订购钢轨之日起，即按厂中每出铁一吨，抽银一两，即将官本数百万抽足还清。以后仍行永远按吨照抽，以为该商报效之意。"

张之洞又强调："此次华商承办铁厂，臣与盛宣怀坚明要约，以卢汉铁路必归鄂厂定造为断，并恳天恩饬下南、北洋大臣，直省各督抚，嗣后凡有官办钢铁料件，一律向鄂厂定购，不得再购外洋之物。"①

张之洞的《札盛宣怀添定铁厂招商章程文》，为盛宣怀实现"路、厂一气，轨由厂造"的目标，提供了保证，为盛宣怀开启一番新的事业，创造了契机。

由盛宣怀提出经张之洞敲定的商局承办湖北铁厂章程共16条，其中最重要的几条是：

一、官局截至商局接办日止，所有用款、欠款，据官局统计，约计五百数十万两，其尾数确数若干，俟结清后再行知照商局；另由官局拨付商局备还已定机器及耶松购物各欠款银十五万两。至以前官局用款欠

---

① 以上参见赵德馨：《张之洞全集》，武汉出版社2008年版，第376~377页。

款，商力急切难筹，惟有宽其岁时，免权子母，收得一分，补偿一分，总以筹销钢轨为补救要计。拟自路局购办钢轨之日为始，所出生铁售出每吨提银一两，按年核计数呈缴，其煤与熟铁、钢件应免再提。俟官用还清之后，每吨仍捐银一两以伸报效，地税均纳在内，并无另外捐款。

二、从前立厂本意专为造轨制械而设。本省枪炮厂所需钢铁，自应悉向鄂厂定购，然亦所用无多。现今议造各省铁路，所需钢轨及应用钢铁料件，系属大宗。……如果铁厂、铁路一气呵成，所有钢轨各料悉归鄂厂购办，则出铁每吨提银一两自有把握。如路、轨不能一气……华铁销路阻塞，断难支持，应请发还商本，或仍归官办，或即停工，官款亦即停缴。

三、所有湖北铁厂自造钢轨及所出各种钢铁料，并在本省或外省自开煤矿，应请奏免税十年。

四、铁厂目前支持局面，必须将化铁炉两座齐开，添购各项机器。将来推广，必须另开大煤矿一处，并就大冶添造生铁炉数座。如一时商股不及，应请准由商局不拘华商洋商随时息借，以应急需，即以铁厂作保，商借商还。

此外，盛宣怀还对商局用人、理财及安全保卫等方面作了规定。

章程最后一条是："铁厂归商承办，万一遇有兵事、水火、灾异之事，机炉一切无法搬移，应照西例，各听天命，无从保险。"①

汉阳铁厂虽交由商办，但官府对铁厂仍有监管检查的责任。章程规定：铁厂的用人理财、筹划布置即经营权，"均由督办一手经理"，但仍须"随时择要禀报湖广总督查考"；铁厂督办应由股商公举，然后由湖广总督奏派；铁厂的年报也要送湖广总督查核，等等。②

---

① 以上参见赵德馨：《张之洞全集》，武汉出版社 2008 年版，第 378～380 页。

② 参见吴剑杰：《官倡民办，始克有成——张之洞与汉冶萍》，第一届汉冶萍国际学术研讨会论文集，第 248～252 页。

二、招商局资金占汉阳铁厂所筹资金的四分之一

盛宣怀接办汉阳铁厂，同时，也将张之洞已用于铁厂的官款作为铁厂的债务接管了下来，铁厂"所有已用官款五百余万，责成商局承认。所出生铁，每吨提抽银壹两归还官款"。① 盛宣怀一接办汉阳铁厂，身上就已背负了沉重的债务。

1896 年盛宣怀接手汉阳铁厂时，铁厂的周转资金，除了张之洞的铁政局拨款 15 万两银之外，主要是从各钱庄筹借短期息款。据盛宣怀的侄子盛春颐当年 12 月的报告：铁厂"综计用款自十月底止，已欠各庄有十万一千有余，加之冬月上旬为止，又用二万之增，统计岁内用款总在二十万以外"。盛春颐要盛宣怀汇银 30 万两，其中 20 万两赶在年关前归还各钱庄欠账，余数则存放钱庄，给钱庄留下好信誉，以利下年再度举借。②

但是在自己的银行还没有办起来之前，盛宣怀只能眼睁睁地看着铁厂将高额的利息偿付给钱庄。1897 年 2 月，为了周转铁厂的资金，他以预付轨价的方式，将筹办淞沪路、卢保路的铁路经费 30 万两，拨用于汉阳铁厂。不过，在钢轨等产品未交付给铁路公司前，铁厂须为这笔预付轨价向铁路公司至少支付年息 7 厘的利息。

1897 年 5 月 27 日，中国通商银行上海总行正式开张，银行的股份中 40% 是来自盛宣怀掌控的招商局与电报局的，此时，通商银行以及招商局与电报局，都不再可能马上来为汉阳铁厂注资了。因此，盛宣怀接手汉阳铁厂最初的两年间，铁厂的运营周转资金，基本上是靠从高利贷性质的钱庄借贷，以及铁路公司贷款性质的预付购买钢轨钱款的办法

---

① 参见吴伦霓霞、王尔敏编：《盛宣怀实业函电稿》(下)，台湾"中央研究院"近代史研究所 2005 年版，第 828 页。

② 参见盛档，《盛春颐致盛宣怀函》，光绪二十二年十一月十四日。

来解决的。

为解决资金的问题，盛宣怀寄希望于得到社会上的支持，因此在招商章程中着重强调对早期投资者的优惠力度。在获得朝廷的许可下，1896 年 6 月，铁厂督办盛宣怀发布了招商集股章程，提出：汉阳铁厂"拟先招商股银一百万两，仍以一百两为一股。自入本之日起，第一年至第四年按年提息八厘，第五年起提息一分。此系本厂老商，必须永远格外优待。办无成效，额息必不短欠；办有成效，余利加倍多派。嗣后气局丰盛，股价增价，其时推广加股，必先尽老商承认，有旧票呈验，方准其纳入新股，以示鼓励旧商而杜新商趋巧之习"。①

具体发行方式为，凡认购者"即将股银一月内送至各省招商局、电报局代收，即由该局书明股商记号，先发印股，再由各局将银汇至湖北铁厂掣换股票息折"。②

但是，官办时期汉阳铁厂成效不显，同时在民间留下了不佳印象，甲午战败后，江南民间对投资工矿企业已深存疑虑。此时上海资本市场上大量流动资金投向了外汇及金银买卖，对工矿投资更是越趄不前。盛接办时仍然因为"化铁无煤"，生产不正常，半年后便亏本 20 余万两，至 1897 年底亏空已达 70 余万两。③ 因此，招股受到冷遇。为解决铁厂的资金困难，盛宣怀在多方筹措无效的情况下，只得调动他所控制的轮船招商局、电报局、中国通商银行等企业的资金，投资入股汉阳铁厂，以解决汉阳铁厂的运营困境。

官督商办初期，民间资金没有大量进入汉阳铁厂，汉阳铁厂的资本构成(见下表)中，95%左右来自盛宣怀掌控的洋务企业，只有 5%左右的资本集自民间。

---

① 参见盛档，《张之洞奏铁厂招商承办议定章程折》，光绪二十二年五月。
② 参见盛档，《招集湖北铁厂股东公告》，光绪二十二年五月初一日。
③ 参见盛档，《盛宣怀致张之洞函》，光绪二十五年十二月初六日。

官督商办汉阳铁厂初期资本构成

投资者	数额(库平银，两)	占比(%)
轮船招商局	250,000	25.0
电报局	222,000	22.0
中国通商银行	328,500	32.8
萍乡煤矿	100,000	10.0
钢铁学堂	39,000	3.9
南洋公学	6,000	0.6
古陵记	36,500	3.7
上海广仁堂	20,000	2.0
总计	1000,000	100.0

原注：古陵记是盛宣怀家族化名；广仁堂是盛宣怀所办的慈善单位。

资料来源：汪敬虞主编：《中国近代经济史 1895—1927》，人民出版社 2000 年版，第 1716 页。

从表中也可以看出，招商局占汉阳铁厂所筹资金的四分之一，如果再算上招商局在通商银行中所占的股份，那招商局占汉阳铁厂所筹资金的比例就更大了。1906 年(光绪三十二年)，盛宣怀向张之洞讲述汉阳铁厂官督商办时期集资情况时称，自己从前敢于冒昧承办汉阳铁厂，后路和仗恃的底牌就是"招商、电报、铁路、银行皆属笼罩之中，不必真有商股，自可统筹兼顾"。①

以下为湖北省档案馆保留的某次发行的汉阳铁厂铁山煤矿公司股票存根，其包括了以下文字内容：

---

① 参见盛档，《盛宣怀致张之洞函》，光绪三十二年正月初六日。

光绪二十九年七月初一日。

湖北汉阳铁厂大冶、兴国等处铁山煤矿公司，为给发股票存根事。光绪二十二年五月，奉湖广总督部堂张奏明汉阳铁厂及大冶、兴国等处铁矿煤矿，遵旨招商承办，议定章程，截限交接，以维大局而计久远，并将官商议定章程十六条，附奏核准在案。兹蒙督办铁路大臣兼督办湖北铁厂盛，饬派总董先招商股库平足银一百万两，以一百两为一股。第一次出银五十两，第二次收银五十两，便为完全。自入本之日起，第一年至第四年按年提息八厘。第五年起提息一分。此系本厂老商，必须永远格外优待。目前额息，始因创办艰难，无可支给，随后必照数补给；如办有成效，余利加倍多派。嗣后气局丰盛，股票增价，其时推广加股，先必尽老商承认；有旧票呈验，方准纳入新股，以示鼓励旧商而杜新商趋巧之习。

以上各章，均于光绪二十三年六月十二日，蒙户部议奏。本日奏旨："依议。钦此。"

除将股票式样呈送查核，并将章程、息折给商收执外，须至股票存根者。

计收到：

吉庆堂名下老商三股，计库平足银一百五十两。

光绪二十九年七月初一日，给第一万一千二百三号至一万一千二百五号止，共三股。

总董　宗德福(章)　李维格(章)

　　　郑观应(章)　严　素(章)

　　　盛春颐(章)　杨廷杲(章)

　　　杨学沂(章)　盛昌颐(章)

汉阳铁厂铁山煤矿公司股票存根

三、大冶铁矿开发资金的筹措

1896 年 8 月 22 日，张之洞批示将大冶县属铁矿归属汉阳铁厂，盛宣怀遂将汉阳铁厂改为总厂，大冶铁矿隶属总厂。张之洞在批文中明确："所有大冶县属及武昌、兴国等处，皆产铁矿，一律归铁厂开采，不准商民私行勘买……凡用机器开采煤铁五金各矿，必先由该商将商人姓名、籍贯及一切办法详晰呈明，听候本部堂札饬地方官查核明确，批准给予立案后，方准购地开办，不得由民间私相授受。所有兴国、大冶所产铁矿，应准一律归铁厂购买开采。"①

大冶铁矿开采同样要筹集资金，盛宣怀为解决大冶铁矿开发资金的

---

① 参见湖北省档案馆：《汉冶萍公司档案史料选编》(上)，中国社会科学出版社 1992 年版，第 92 页。

问题，采取了变通的办法。

当时日本人田维四郎侯爵，在日本九州福岗县创立了八幡制铁所（即日本制铁所），虽然交通便利，有丰富的煤矿，但没有铁矿石资源。1898 年(光绪二十四年)，日本前首相伊藤博文游历北京，谒见慈禧太后时，提出每年购买大冶铁矿石五万吨的要求。他还赴湖北拜访湖广总督张之洞，说日本神户船厂能炼焦炭(当时汉阳铁厂正缺煤焦冶炼)，可将其运送湖北，回船时带回大冶的铁矿石。因汉阳铁厂已由盛宣怀接手，张之洞要伊藤博文到上海与盛宣怀商谈。伊藤博文等人赴上海与盛宣怀谈判时，因要价过高，谈判暂时搁置。

1899 年 3 月，日本制铁所长和田中雄抵达上海，与盛宣怀继续谈判合同事宜。其间，盛宣怀向张之洞报告谈判情况："彼请第一办法，系租山由其自开，已力阻不允；第二办法，只售铁石，按吨定价，或换焦煤，当可无弊。"4 月 7 日，盛宣怀与和田在上海正式签订《煤铁互售合同》，合同共 7 款，以 15 年为限，"日本每年至少购大冶铁矿石含铁百分之六十五以上者五万吨……中国汉阳铁厂及别项局厂，每年需煤或间需焦炭之额数，须先订定妥……每年分两次，按照时值议定各种价目，焦炭用否，随时酌定"。①

1899 年 11 月 22 日，盛宣怀在给清廷的信中称："中国矿产至富，大利未收，烟煤焦炭用途最广，而东南各省多待济于日本，致使汉阳铁厂、轮船、纺织各厂局，成本加重。各国讲求商务，总以出口之货抵入口之货为第一义。""大冶铁矿虽取用不竭，苦于煤焦缺少，未能多设冶炉，故炼出钢铁视中国官民需用之数，不及万一。日本丰于煤而歉于铁。上年侯爵伊藤博文来华游历，与湖广总督张之洞和本大臣面商，以彼煤炭易我铁石。""此等事原为欧亚两洲通行之事。大冶铁石足供数百年之采炼，岁取五万吨易东洋煤炭，于汉厂炼铁，无

---

① 参见台湾"中央研究院"近代史研究所：《矿务档》，台湾"中央研究院"近代史研究所 1974 年版。

损毫末。"

盛宣怀通过"以货易货"的方式，解决了汉阳铁厂部分焦炭的困难，实际上缓解了资金筹集的难题。①

合同规定：日本制铁所每年购大冶铁矿铁矿石5万吨，汉阳铁厂每年购日本煤焦3万~4万吨。大冶铁矿石不得卖给在中国有股份的外国铁厂，只能卖给日本。将头等铁矿石价格定为3日元一吨，铁矿石含铁量必须为62%以上；二等铁矿石每吨2.25日元，铁矿石含铁量必须为59%~62%。合同以15年为期限，每5年议价一次。

合同附有一份《购买大冶铁矿矿石定准成色清单》，对矿石成色提出了严格的要求：

铁：矿石每一百分之内，须有铁六十五分，方为准色。……

磷：一、铁一万分之内有磷五分，方为准色。如少于准色，则每少于一万分之一，每吨添加一角。

如有磷多于前定准色，则每多一万分之一，每吨减价一角。

铁一万分之内如有磷八分以上者，一概不买。

1900年8月29日，与日本制铁所签订的《煤铁互售合同第二次续订条款》，对成色的要求更加严格。②

合同还规定：日本制铁所委派委员二三名，常驻大冶石灰窑、铁山两处。

该合同对于铁厂向日本制铁所购买煤焦的意义并不大，因为日本制铁所本身并不产煤焦，加之煤焦在中国市场上价格变化很大，因此该合同主要在于铁厂向日本制铁所售卖铁矿石，由此铁厂每年可得可靠收入10万日元以上，解决了铁厂的一部分周转资金问题。

----

① 以上参见朱荫贵：《试论汉冶萍发展与近代中国资本市场》，第一届汉冶萍国际学术研讨会论文集，第235~247页。

② 参见湖北省档案馆：《汉冶萍公司档案史料选编》(上)，中国社会科学出版社1992年版，第217页。

四、盛宣怀接办铁厂后的资金结构状况

汉阳铁厂官办时期，主要完成了铁厂主体设备及附属企业的初建工作，维持生产运营约 2 年，至 1896 年 5 月前，实际耗资约 583 万两库平银，均由清政府提供。由于这 583 万两有相当一部分是生产资金，加上铁厂在建设过程中，资金浪费严重，所以，该资金的实际留存价值远远低于 583 万两这个数字。

1909 年，汉冶萍公司董事会认为，扣除历年亏损，至 1896 年 5 月前，汉阳铁厂及其附属企业的资产价值应按投资总额对价处理，合洋例银 2787994 两，即 1896 年 5 月盛宣怀接办汉阳铁厂时，全厂的实际权益资金为 2787994 两。而盛宣怀商办之后，对官办时期挪借的各方资金，除"吨铁两银"的报效之外，并无偿还的义务和压力，因此，此时的债务资金，实际上几乎为 0。

盛宣怀接办汉阳铁厂之初，拟招股 100 万两库平银，官利每年八厘至一分。由于当时铁厂处境艰难，无人愿意附股，盛乃利用个人关系，动员相关企业认购，招股情形已在前文谈及，这里不再赘述。

有资料表明，汉阳铁厂这 100 万两股银，迟迟未能招满。正如 1905 年 3 月，铁厂总办李维格所作的统计，自 1896 年以来，铁厂共耗银 543 万两，"内除轮电局商入股分约五十万两外，其余均系挪借之款"。① 根据汉阳铁厂账册编制的铁厂主要欠款项目见下表：

1905 年 5 月前汉阳铁厂主要欠款项目

该欠项目	数额（洋例银）	占比（%）
1. 华商股金	544849	7.80
2. 正太铁路生息款	808710	11.57

① 参见李维格：《新公司接办汉阳铁厂之预算》，1905 年 4 月上旬。

该欠项目	数额(洋例银)	占比(%)
3. 大冶存正金银行息	50560	0.72
4. 通商银行总行	353151	5.05
5. 汉口行往来款项	80000	1.14
6. 借信义银行	241310	3.45
7. 三井预付铁价款	70000	1.00
8. 借大仓洋行	99582	1.42
9. 其他	474705	6.79
10. 铁路公司预支轨价	1280062	18.32
11. 大冶预收矿价	2262957	32.38
12. 生铁捐	234298	3.35
13. 汉口行生铁押款	40000	0.57
14. 招商局往来款项	187187	2.68
15. 借三井洋行	100000	1.43
16. 亨达预付生铁价款	60000	0.86
17. 比郭克尔厂料价	101202	1.45
总计	6988573	100.00

资料来源：盛档，《汉阳铁厂账册》，光绪三十一年十一月。

表中第一项已清楚地显示，至 1905 年 5 月前，铁厂实收华商股金 544849 两，占该欠总数的 7.8%。可见，铁厂招股仅 50 余万两。

1905 年 5 月前，铁厂资金来源中，发挥主要作用的是企业间的资金拆借。表中 2、4、5、6、7、8、9、12、14、15、17 项，共拆借 2749110 两，占铁厂该欠总数的 39.3%。

从权益资金与债务资金的关系来看，该时期实际的权益资金，应为盛宣怀接办铁厂时的实际权益资金 2787994 两，与铁厂实收股金 544849 两，这两项构成，总计为 3332843 两；该时期实际的债务资金，

应从铁厂主要该欠项目总数 6988573 两中，扣除铁厂实收股金 544849
两，为 6443724 两。权益资金与债务资金总计为 9776567 两，债务资金
的占比为 65.9%。

大型矿业或冶金企业合理的资产负债率标准应为 25% 左右，汉阳
铁厂 65.9% 的情形，应面临着严重的偿债风险，但事实上，其中很多
的拆借资金，都仰仗着盛宣怀的个人关系，一般不存在追债的风险，从
后来的发展过程看，这部分资金多数转化为汉冶萍公司的股本。在金融
借款方面，上表中的第 11 项，是向日本兴业银行借款 300 万日元，折
合为 2262957 两，日方要求以铁矿石价款偿还。大冶铁矿储量丰富，铁
厂有足够的偿债能力。盛宣怀等人非但不担心债务违约，反而决定继续
实施负债经营战略，谋划更大规模的扩张。

五、汉阳铁厂首次向日本举借巨款

1902 年 10 月，盛宣怀父亲盛康去世，盛宣怀按照清廷惯例，开去
所兼各职差，以便安心为父亲"守制"。清廷除保留了他的铁路总公司
督办职务之外，其他各职均准予开缺或改署任。11 月，袁世凯借口吊
唁盛康丧事，到上海与盛宣怀商讨"轮、电归北洋管辖"的问题。这意
味着汉阳铁厂等企业不可能像之前那样，方便地调用招商局、电报局的
资金作为周转资金了。盛宣怀最初的想法是："电报宜归官有，轮局纯
系商业，可易督办，不可归官。"但是，没想到袁世凯回京后做了手脚，
朝廷很快下文："即另简电政大臣，但改官办而不还商本。轮局亦由北
洋派员接管。"盛宣怀得此坏消息，十分愤怒地说："……日本商务大
旺，中国只两公司，而十手十目必欲毁之而后快。轮船归北洋主持，尚
无大碍，电线改官办，本愿如此，但商人成本二百数十万，若不付给现
款，恐股票即为外人所得。此目前之一弊也……（电线）改归官办，非
有强兵不能自守，则他人通消息而我不能通。此军务之一大弊也。"不
仅如此，袁世凯还以视察为名，要汉阳铁厂将商办后全部的账目清理上

交，势要接管铁厂。

1903 年 1 月 15 日清廷任命袁世凯为电务大臣，原直隶布政使吴重熹为驻沪会办电务大臣，3 月底吴重熹正式接办了中国电报局。2 月，袁世凯的亲信杨士琦当上轮船招商局督办，轮、电二局均被袁世凯的北洋派系所控制。汉阳铁厂同样面临着有可能被袁世凯夺走的危险，但是此时朝廷仍允许铁厂向洋商借巨债，来解决铁厂自身的问题。

1899 年 4 月 7 日，日本制铁所曾与汉阳铁厂签订《煤铁互售合同》，之后两次修订合同文本。在此阶段，日本制铁所完成了工程建设与生产磨合的任务。至 1901 年 2 月，制铁所日产 160 吨钢铁的 1 号高炉投产，这样日本对大冶铁矿石的需求进一步加大。

1902 年底，当日方打听到盛宣怀与德商礼和洋行签订《萍乡煤矿与礼和洋行借款合同》的消息后，立即采取了行动。12 月 27 日，日本外务大臣小村寿太郎密函驻上海总领事小田切："对于该铁矿如有贷款必要，我方决定进而予以应允。希即善体此意。拟定适当方案，见机与盛宣怀进行商谈。倘或落入外人之手，则实为极严重问题。所以，为了确立我方权利，务望全力以赴。"

1903 年 2 月 6 日，小田切复电小村："盛宣怀希望借款二百万两至三百万两，年利百分之五或百分之六，本领事先就此提出以下三项条件，即(一)铁矿不得出让或抵押于其他外国；(二)铁矿石价格在合同规定年限第一期末妥善商定；(三)借款由铁矿石价偿还。"3 月 10 日，小村密函指示小田切："嗣接贵领事 2 月 6 日第 7 号来电……曾就此与有关阁僚咨商，并召制铁所长官，认真进行商谈，结果，决定以附记条件接受盛氏之要求。因此，希望以此为基础与盛氏进行交涉。……总之，我国对大冶铁矿方针，在于使其与我制铁所关系更加巩固，并成为永久性者；同时，又须防止该铁矿落入其他外国人之手。此乃确保我制铁所将来发展之必要条件。"①

---

① 以上参见《史料选辑》，第 43~45 页。

日方感到这是一次难得的机会，因此，积极行动起来，与盛宣怀反复就借款条件进行交涉。7 月 17 日，盛宣怀提出了向日方借款的六项条件：（一）借款总额为三百万日元，其中一百万日元于合同签字之日起交付；其余二百万日元，分两次交付，即签字后每三个月交付一百万日元。（二）不以大冶全部资产作为抵押，而以其一部，即目前为运往日本而进行采掘之矿山及铁路全部为抵押。（三）日本工程师负责上述抵押矿山之采掘事务。（四）矿石价格，三十年内不变。上等定为日金三元，下等日金二元四十钱。（五）购买八万吨以上要减价之条件删除。（六）铁厂直接由贷款方取得贷款，制铁所向贷款方交付矿石价金。①

大冶铁矿矿址

中日双方借款条件的交涉，从 1902 年 12 月开始，到 1904 年 1 月 15 日正式签订《大冶购运矿石预借矿价正合同》，经历了一年多时间，谈判过程十分艰难，从最终签订的合同文本看，基本上满足了盛宣怀提

① 参见《日驻上海总领事小田切致外务大臣小村第 89 号机密函》，1903 年 7 月 18 日，《史料选辑》，第 53~54 页。

出的六项条件，应该说日方的妥协多于盛宣怀。尤其是关于"矿石价格，三十年内不变"这一款，日方吸取以往所签合同的教训，认为这将使日方吃亏。盛宣怀在坚持我方立场的同时，认真咨询铁厂洋工程师意见之后，对该问题有了新的认识，在正式签订合同时，将此条改为：矿价十年一协议，协议时视"挖矿之深浅难易，比较前十年，又须考查英国铁价涨跌，折中会定矿价。倘会议不定，即应彼此各请公正人一人，秉公定价。倘此两人有意见不合之处，即由此两人公请一人断定，彼此即应照办，不得再有异议"。

此轮博弈，相比德、比两国的贷款以合办铁厂为条件来说，日本通过预付矿价的方式向铁厂贷款，这对于铁厂来说是有利的；另外，通过这种贷款方式，有利于阻止日本向中国索要矿山开采权。对汉阳铁厂来说，以较为理想的方式获得了宝贵的建设资金，它将大冶铁矿丰富的铁矿石资源，转化为巨额的建设资金，获得 300 万日元(约合洋例银 226 万两)的资金挹注。此外。与同时期国内外的借款利率相比，该资金的使用成本较低，年利率仅为 6%，而当时国内资金的年利率普遍在 8% 以上，1899 年向德商礼和贷款的年利率亦为 7%。更诱人的是，该借款无须现金偿还本息，只需 30 年内每年提供 7 万~12 万吨铁矿石即可。事实上，历史表明，该笔资金极大地缓解了汉阳铁厂建设资金不足的问题，应该肯定其价值。

对日本制铁所而言，此阶段博弈的目标是："在于使其(指大冶铁矿)与我制铁所关系更为巩固，并成为永久性者；同时，又须防止该铁矿落入其他外国人之手。此乃确保我制铁所将来发展之必要条件。"此轮博弈过后，该目标得以部分实现。至 1904 年，制铁所开始介入大冶铁矿的生产经营事务，并在一定程度上掌控大冶铁矿产业的处置权。《大冶购运矿石预借矿价正合同》载明，合同期限为 30 年，其间，以大冶得道湾矿山及大冶矿局现有及将来之铁路、车辆、修理厂作为担保，不得将其或让或卖或租于他国之官商；矿局聘请日本矿师，连同《煤铁互售合同》的规定，制铁所在大冶铁矿的矿石开采、化验、转运等环节都派驻工作人员。

　　总体上看，通过合作，双方都获得利益，应是正和博弈。其间虽然有些条款对汉阳铁厂不尽合理，如借款期限过长，且不能提前偿清借款，日本管理人员进驻铁矿，售日铁矿的成色标准过高，等等，但从总体上说，此笔交易实现了双方的优势互补，对两家企业的发展都起到了积极的促进作用。①

---

　　① 以上参见李海涛、欧晓静：《清末明初汉冶萍公司与八幡制铁所的利益博弈》，第一届汉冶萍国际学术研讨会论文集，第 352~364 页。

第七章　招商局与萍乡煤矿的开发

一、盛宣怀对萍乡广泰福商号的并购

盛宣怀接办汉阳铁厂后，立即聘任郑观应担任铁厂总办。1896 年 5 月 24 日，郑观应正式到任。当时最直接、最具体的生产难题是：焦炭数量不足、价格过高，强行生产铁厂必将亏损。7 月 9 日，郑观应向盛宣怀呈报了《铁厂筹备事宜十八条》，开宗明义第一条便是："承办钢轨如蒙俞允，必须两炉齐开，以其所出之铁尽炼钢轨，方可支持。惟每月约需焦炭五千吨，亟宜预筹。"

当时焦炭的供应形势是，"开平只允月交一千二百吨，至九月底止，周年扯计月仅八百吨，价亦太昂，殊不上算。萍乡月交千吨，郴州月交五百吨，价较开平稍廉，惟为数不多，又恐秋冬水涸，不能接续而来"，三处合起来尚不足以供一座化铁炉，况且，这些计划数字能否兑现尚未可知。铁厂将萍煤运至马鞍山矿用西式炼焦炉炼成焦炭再运到铁厂，成本为每吨八两；萍乡广泰福商号包运焦炭至铁厂，每吨价八两五钱；而"开平一号块焦每吨正价连杂费、麻袋、装工、水脚，需银十六七两，道远价昂，且不能随时运济，恒以焦炭缺乏，停炉以待。而化铁炉又苦不能多停，停则损坏"，如此种种，搞得郑观应焦头烂额。

而当盛宣怀又得知正在勘验的安徽宿松的煤品质不佳，开发新矿渺茫时，对萍煤更加重视，由于萍乡的焦炭相比开平等处，在价格上有不少优势，在还没有引进西方机器采煤的情况下，为权宜之计，只能暂时采用由萍乡广泰福商号承包利用土法生产的煤焦，因为这关系到铁厂能否两炉齐开的问题。

萍乡焦炭由广泰福商号承包是盛宣怀与文廷式在湖北时就商定的，文廷式是一位诗人、学者，虽然因得罪慈禧而遭放逐，但仍是有影响力的活动家。文家本是萍乡望族，由文廷式的族兄负责组织了广泰福商号，但广泰福实际是由文、张、钟、彭几家控制的商号临时拼凑起来的，由文家出面承包，文廷式的堂弟文廷钧具体负责相关事宜。

盛与文的协定，由此取消了以往萍煤采运的"官办"模式，"商办"变为由文廷钧所代表的广泰福独家承揽，广泰福与铁厂订立的合同承诺月供焦炭一千吨，生煤二千吨。铁厂则委派专人在萍乡起联络、监督作用，不再直接对其他商号采购。

然而，由于广泰福的焦炭生产还要从烧砖、建窑做起，不能如数交货，不久就提出修改合同要求。广泰福贸然订下独家承包合同而又不能执行合同，贻误了时机，丧失了信用，迫使盛宣怀必须采取措施，改变现状，加强焦炭供应。

在此情况下自然提出了分办的方案。当年 10 月 30 日，盛宣怀在百忙中致电郑观应，做出了关于萍煤采运的新决策："广泰福煤焦爽期，致化铁炉停工两月，坐耗巨款，殊堪痛恨。"决定改变广泰福独家包揽局面，在萍乡另设官局，官商分办，汉阳铁厂并在上栗市设局自办。

此举虽然遭到文氏兄弟的反对，激化了一些矛盾，盛宣怀仍坚持官商分办，包采自炼。盛宣怀一直关注的是如何满足铁厂生产的需要，这是他重设官局的出发点，也是他处理具体事件的落脚点。12 月 3 日，盛宣怀电告张之洞："炼钢需煤，现开平焦炭供不应求，不得已另派干员赴萍设炉，采煤自炼。此铁厂生死关键，势难全徇人情。"[①]设立官局的同时，盛宣怀又同意广泰福将焦炭承包量增加至二千吨，有效缓和了

---

① 参见夏东元：《盛宣怀传》，四川人民出版社 1988 年版，第 504 页。

与文家的关系。

1897 年 6 月 28 日，盛宣怀委派得力助手张赞宸（1862—1907 年，字韶甄，江苏武进人，湖北省候补知县）赴萍乡，对萍乡煤矿进行整顿，并筹划萍乡煤矿的开发与发展。

7 月下旬，官局以收购广泰福之外其他厂户的焦炭为主，自炼的焦炭约占二成左右。经过这次整顿，萍乡煤务的局势基本稳定，官、商两局各自兴建的炼焦土炉相继竣工投产，各自采煤自炼，同时分别向其他厂户收购焦炭和煤，运往铁厂。至 10 月 24 日，官局发出的报告说："九月两旬运出焦一千七百余吨，连前共运焦七千二百吨；生煤连前已运四千七百余吨。今煤务大局已定。"

张赞宸把主要的精力用在筹划萍乡煤矿的发展上。他抓住了问题的症结："焦炭为化铁炉日用所需，周流不息。若不源源接济，一朝停待，伤炉实甚，势不能以运无定期之炭，保不误此刻不容缓之炉。"揭示了化铁炉生产的持续性，要求原料稳定地、均衡地供应，为了保证焦炭供应，"再三筹虑，非仿西法设挂线路不为功"。

而广泰福生产形势进一步岌岌可危，据 7 月下旬张派人调查得知："查广泰福资本无多，所用款项半由息借，闻已亏折一万数千两。放出各厂户之银非文氏宗族，即系至戚。甚至经手者将置办之好窿攘为己有，坏窿推归公家，种种情弊更仆难数，此时已有岌岌之势。卢炳元（接替文廷钧负责经管广泰福）云，该号欲进不能，欲罢不得，确系实在情形。"据后来张赞宸说，当时积压的资金"广泰福搁十余万，官局亦几及十万"。不久，又有得福成商号因为亏本要求官局并购。7 月 31 日，盛宣怀密电指示张赞宸：得福成须候矿师复勘后再交价；对于广泰福发生的内讧"姑听之"。8 月 23 日盛再次指示张赞宸："洋焦需价廿两，开平不能多运，青溪价亦贵，得福窿必须用洋法赶办，大局所系，即请议复。"形势迫使盛宣怀更加重视萍煤，趁着广泰福自顾不暇之机，他继续扩张并部分采用西法冶炼。八九月间，张赞宸给资金困难的广泰福拨银一万两，以缓其急，在广泰福处于困境时施以援手，既是当前萍煤供应的需要，也是对萍乡士绅进行团结、分化，有利于扩大官局的社会基础，使其更好地扎下根来。

1897 年 9 月，盛宣怀所聘请的德国矿师赖伦再次勘探萍乡煤藏后，提出了一个令人欢欣鼓舞的建矿方案。9 月 23 日，张赞宸到上海向盛宣怀作了详尽的汇报，同时盛也看到了广泰福提出的"合同条议"。盛宣怀肯定了他"分条面陈利弊至为详尽"，明确表态："若经久推广之计，总须西法开井，期其多出；挂线成路，期其多运，二者相维相系，尤须得人方能集股另筹大举。"

实际上，盛宣怀自收到赖伦的报告，得知在萍乡炼成焦炭运到汉阳铁厂成本将不超过五两，便已怦然心动，开始物色负责萍矿建设的人选。

10 月初，盛宣怀在上海召集张赞宸、赖伦开会，研究购机、开采线路、用西法开采萍矿等有关问题。盛宣怀特意邀请了广泰福的主要投资人志钧参加，当然是希望得到他的支持，争取其投资入股。

10 月 9 日，郑观应来信报告："观应欲劝志仲将广泰福煤窿照时价估值，尽归汉厂承办，或作股合办，以免在萍办事者互相争购，徒为渔人得利。志观察以为然，惟文家不愿意，未悉我公之意如何？仍乞裁示。"此时，广泰福情况进一步恶化，由此而被迫进入与盛宣怀谈判的过程。

12 月 10 日，盛宣怀去电萍乡煤矿官局负责人，"广泰福现拟归并开来……共炼厂七处，煤井十八处，望密查"，此举显示谈判已告一段落，正秘密进行成交前的资产核实，电文确认是"归并"而不是"入股"。14 日，盛宣怀进一步借"沪董公电"以集体的名义与志钧摊牌，坚决反对其另立公司："总之，汉厂认亏，固不能禁人不采，必当禁人另立公司，与汉厂为难。即如开平，并无另立公司也。"

此时盛宣怀该出手时就出手，沿袭自开平煤矿以来多年已经形成的惯例，垄断萍乡煤矿的全部开采权，毫无商量的余地。1898 年 1 月 17 日，广泰福的历史以盛宣怀胜利并购而宣告终结。同时，盛宣怀也下定决心用西法开采萍煤、创办机械化萍乡煤矿。盛宣怀于 1 月 20 日下令："萍乡等处煤矿总局事宜，本大臣派张提调（张赞宸）为总办"，并令赖伦"专为助理西法开矿一切工程并西法炼焦事"。①

二、招商局成为萍乡煤矿筹资的大户

1896 年 5 月 24 日，盛宣怀正式接办汉阳铁厂。他上任后抓的第一件大事，就是寻找煤矿，解决铁厂的焦炭问题。他说：如果自己不能解决煤炭来源问题，"必致厂购洋焦，路购洋轨，大负初心"。如果大购洋焦，必致"亏累不堪"而"路购洋轨"，② 这将使汉厂的产品销路成为问题。

当年盛宣怀聘请了两位德国高级矿师，并要求他们放开视野，在相对更大的范围内进行勘矿，他还在矿师的陪同下，不断地到江西、湖南等地寻觅煤矿。10 月，两位矿师在萍乡发现了一个大煤田，认为可供炼焦的煤甚多，估计煤储量为 5 亿吨，并做出"如每年采用一百万吨，可供五百年之用"的预测报告。

1897 年 6 月，为了尽快核实萍乡煤田的情况，盛宣怀委派得力助手张赞宸赴萍乡复查煤务。随同张赞宸赴萍乡的有李寿铨（1859—1928 年，字镜澄，江苏扬州人），李先前为张的文书，两人决心在萍乡煤矿干出一番业绩。

1898 年 3 月，张之洞与盛宣怀合奏在江西萍乡安源采煤炼焦，3 月 22 日，经清政府批准，汉阳铁厂在萍乡设立"汉阳铁厂驻萍乡煤务局"。盛宣怀委任张赞宸为首任总办，李寿铨为机矿处处长。③

---

① 以上参见张实：《盛宣怀与萍乡广泰福》，《湖北理工学院学报（人文社会科学版）》2016 年第 1 期，第 1~10 页。

② 参见盛档，盛宣怀《致张香帅》，光绪二十二年十月二十九日。

③ 参见黄领：《张赞宸开创萍乡煤矿的伟大实践及意义》，第二届汉冶萍国际学术研讨会论文集，第 37~44 页。

　　总办张赞宸将主要精力放在四处奔波筹集建矿资金、对外联系疏通各种关系上，常年奔走于沪汉之间。由于资金困难，曾向十多家银行钱庄借钱。1897 年冬，张赞宸以优惠价格并购了广泰福商号设在紫家冲的 7 个厂 18 口井，将其作为建矿的基础。

　　张赞宸在李寿铨的配合下，经过多番周折，先后在矿址附近购得宋家山、桐梓坡、大冲尾、蟹形嘴、罗家坡、栎树下等处林地 1700 余亩，收并土煤井 276 口，使安源周围数十里内的煤井均为萍乡煤矿所有，在此基础上设有机焦炉、土焦炉以及辅助设备厂等。在基本掌控萍乡煤炭后，萍乡煤矿决定效仿西法，效仿开平，开发萍乡煤炭。

　　1898 年萍乡煤矿正式开始开矿，煤矿采用机器开挖煤炭，资金不足同样成为严重的问题。创办之初，商股未集，只有轮船招商局、电报局两局及零星附股，收得库平银一百万两。实际上，萍乡煤矿初期的开发资金除向十多家银行钱庄借贷外，主要依靠盛宣怀掌控的几家企业的入股和挪借，这些企业的入股分为首次和二次两种，见下表。①

投资者	数额(库平银，两)		占比(%)
	首次入股	二次入股	
汉阳铁厂	200,000	0	20.0
轮船招商局	150,000	80,000	23.0
铁路总公司	150,000	0	15.0
电报局	0	220,000	22.0
香记等商户	100,000	100,000	20.0
总计	600,000	400,000	100.0

　　资料来源：张赞宸：《奏报萍乡煤矿历年办法及矿内已成工程》，转引自《汉冶萍公司档案史料选编》上册，中国社会科学出版社 1992 年版，第 204 页。

---

　　① 以上参见朱荫贵：《试论汉冶萍发展与近代中国资本市场》，第一届汉冶萍国际学术研讨会论文集，第 235~247 页。

从表中可以看出，盛宣怀为开发萍乡煤矿所筹的资金中，招商局成为出资的大户。

三、萍乡煤矿发行的两次股票

为了进一步为萍乡煤矿募集资金，盛宣怀决定通过发行股票来筹集。这次股票发行又分两次进行，据萍乡煤矿首任总办张赞宸的奏折《奏报萍乡煤矿历年办法及矿内已成工程》所述："查萍矿开办之初，并未领有资本，所收股本，乃二十五年（1899 年 1 月）以后事。"因此，萍煤第一次招股是在 1900 年，招有商股 110 万两；第二次是 1901 年 10 月 19 日，萍乡煤矿在《中外日报》等报纸上刊登《轮船招商局经办萍乡煤矿有限公司招股启》，向社会发布招股信息。《招股启》说：萍乡煤矿"兹因添设铁路 90 里，庶能畅通运道，总计成本以及归还礼和借款，共需规银 400 万两，除前已招有商股 110 万两外，净应添招商股规银290 万两，除已允江西绅商附搭 50 万两，轮船招商局认搭 100 万两外，应净添招股本规银 140 万两。每股规银 100 两，即在萍乡矿务总公司以及各通商口岸招商局挂号，每股先收规银 10 两，出给收条，俟挂号截止，填给股票息折，每股找收规银 90 两。本公司专招华人股本，凡入股者需填明姓名籍贯，以注明根册。所有招股章程，另有刊本，请向各口招商局取阅可也"。①

湖北省档案馆保留发行的萍乡矿务公司股票存根包括以下文字内容：

> 光绪二十九年七月初一日。
>
> 萍乡矿务公司为给发股票存根事。

_____

① 参见湖北省档案馆：《汉冶萍公司档案史料选编》（上），中国社会科学出版社 1992 年版，第 201 页。

光绪二十四年三月，督办铁路大臣兼督办湖北铁厂、轮船招商事宜盛，会同湖广总督部堂张，具奏萍乡煤矿援照开平煤矿筹款商办，并派员总办各折片，钦奉谕旨："萍乡煤矿现筹开办，请援照开平禁止商人别立公司及多开小窿抬价收买。即着德寿饬所属，随时申禁，多重矿务。钦此。"钦遵在案。

兹由盛大臣咨明京师矿务、铁路总局，遵照奏定章程，设立公司商办，选举总董，先集商股库平足色宝银一百五十万两，以一百两为一股，自一股至千股皆可附搭，按年官利一分，闰月不计。再有盈余，照间应按十成之二五提出缴部，以伸报效。余均照章分派。萍乡铁、锑等矿，叠经洋矿师勘验，质佳苗旺，且铁性合炼上等钢轨。炼铁毗连，实为中外难得之矿。本公司业已购有各矿山地，目下先办煤矿，并设炼焦之洋炉、洗煤机，运煤之轮驳、铁道、挂线路。众董公议，凡事先难后易。将来气局丰盛，扩充铁道，续办他矿，就行推广加股之时，需照轮船、电报等局，先尽开创老商，出验旧票，纳入新股，以示鼓励。再股商如有限财力，听其自行出让，本公司只认票折为凭。

除将股票式样呈送查核，并将章程息折给商书执外，需至股票存根者。

计收到省府州县人

吉庆堂名下老商二股，计库平足色银二百两。

光绪二十九年七月初一日，给第六千二百四号至六千二百五号止，共二股。

总董　　　陈善言　朱宝奎　严　素
　　　　　林松唐　何嗣昆　施肇英
　　　　　盛春颐　盛昌颐
办事总董　张赞宸
帮董　　　卢洪昶　莫　羲

通过两次股票的发行，基本解决了萍乡煤矿所需的资金。

四、在与多国博弈中向德借贷 400 万马克

1897 年 5 月 27 日，中国通商银行上海总行正式开张，银行的股份中 40% 是来自盛宣怀掌控的招商局与电报局的，此时，通商银行以及招商局与电报局，都不再可能马上来为汉阳铁厂注资了。

1898 年，张赞宸、李寿铨与德国矿师赖伦等在萍乡东南一带发现的大煤田，经采样分析，表明那里的煤质适合炼焦。与此同时，盛宣怀又请大冶矿洋工程师测算开发萍乡煤矿所需的费用。在毫无资金准备的情况下，盛宣怀一面命张赞宸向钱庄借款作开发的前期准备工作，一面亲自在上海、汉口与各国领事、商人进行借款交涉。

当时担任日本驻上海代理总领事的小田切，得知萍乡煤矿欲向外借款之事，主动表示日方愿意为萍矿提供贷款，盛宣怀为了争取以最有利的条件从国外借到款，同时与英国、比利时、日本三个国家的代表进行谈判。而事实上，他与德国的借款谈判也同时在秘密进行中，1898 年 6 月，他向德国礼和洋行提出了一份详细的借款条件意向书。

萍乡煤矿的借款谈判，最终于 1899 年 4 月结束，盛宣怀与德国礼和洋行签订了《萍乡煤矿公司与上海礼和洋行借款合同》。合同规定：萍乡煤矿向礼和洋行借款 400 万马克，约合白银一百十余万两。其中 300 万用于礼和代萍矿购置矿机、洗煤、炼焦、动力、发电等采矿成套设备，100 万现银交付，用于修建萍安铁路和置办湘潭至汉口的驳轮等。借款期限为 12 年，年息 7 厘，由轮船招商局"所有在上海洋泾浜南北之地皮、栈房以及各项产业"作抵押。礼和由此取得烟台缫丝厂产品 12 年期内的专卖权。依靠此次借款，萍煤 1899 年修通了安源到萍乡的铁路，解决了煤的运输问题。

盛宣怀之所以选择礼和，而未选择英、比、日的原因，是因为这几家或是要求参与管理，或是要求合办汉阳铁厂，而礼和恰恰没有附带这

些条件。当然礼和的合同也有许多不利因素，正如张赞宸后来称："礼和借款，未购机先付款，计息更重"；另外借款与还款均是以德国马克结算，萍矿的还款银在与马克的结算上吃亏甚多。

代表日本与盛宣怀谈判的小田切，明治元年（1868 年）出身于日本东北山形县米泽藩一个中级武士的家庭，从小跟着父亲学习儒学，后在东京外国语学校学习汉语。1884 年、1885 年先后在北京、天津留学，1887 年正式进入日本外务省任职。《马关条约》签订后，日本急需通晓中国事务的外交官。外务省就将远在美国的小田切调派为驻杭州领事。小田切担任杭州领事后即结识了盛宣怀，之后与盛宣怀签订了《大冶购运矿石预借矿价正合同》，修订《日清通商航海条约》等。

小田切虽然在萍矿借款中没有与盛宣怀达成协议，但他认为汉阳铁厂、萍乡煤矿借款，对日本政府是极好的机会。他在给日本政府的秘密报告中说："……现在我国如能援其资金，则除营业上一般利益外，还能获得下列利益：第一，有运出我国焦煤，而回运矿石生铁之利；第二，有在中国扶植我国势力之利；第三，有东方制铁事业由我国一手掌握之利；第四，有使中日两国关系密切之利；等等。"足见，小田切对汉阳铁厂借款一事的用心是很深的。

小田切提出的借款条件是，借款 200 万两，利息 5 厘，偿还期限 10 年，铁政局和大冶铁矿等必要管理人员，由日人担任，技师之聘任解雇，由管理人员决定，但不能专用一国人员；关于纯利润分配，贷款人分得四分之一（此项对比英国、比利时的条件多少对中国有利）。[①]

这是日本首次介入汉阳铁厂向外借款的谈判，由于盛宣怀坚持不让外方参与管理，不与外方合办汉阳铁厂的立场，日方最终只能退出，但是这多少给了他们与汉阳铁厂及盛宣怀接触的机会。

---

① 参见易惠莉：《易惠莉论招商局》，社会科学出版社 2012 年版，第 237~248 页。

五、中国历史上的第一笔华人寿险大赔案

盛宣怀接办汉阳铁厂后，为解决煤炭这一难题，决定在江西萍乡小煤窑的基础上兴办新型煤矿，以解燃眉之急。

1897年9月，盛宣怀调张赞宸赴萍乡煤矿任总办。张赞宸不负盛宣怀对萍乡煤矿的厚望，提出"焦炭为养命之源，萍乡为必由之路"，他励精图治，重用德国矿师赖伦解决现代采掘运输设备，并积极协调与地方乡绅的关系，减少开采干扰。他还通过创办萍乡煤矿官钱号筹集资金，并建立起权责分明、事权归一、以清眉目的企业管理制度。

不幸的是，因过于操劳，张赞宸于1907年4月13日病逝，享年45岁。

张赞宸(字"韶甄")病逝后，其先前投保的永福人寿保险公司按规定支付1万两寿险赔款，盛宣怀特致函感谢永福人寿保险公司。

盛宣怀在此函中写道："拟致永福人寿保险公司，迳启者前总办萍乡矿局张韶甄观察曾向贵行保寿险规元壹万两，今不幸病故，当由其胞弟知照并经本大臣作保，即承贵行将保险银两如数赔足，极为迅速，足见贵行妥实可靠，本大臣至深钦佩！"

当时华人投保寿险的主要是买办和洋务人士，只有这些人物具有保险意识和经济基础。据1886年《重订仁济和保险章程》载，当时招商局总局及分局总办和总船主每月薪水为100两，司账每月40两。这些人是永福人寿看中的保险客户。盛宣怀接办汉阳铁厂后，汉阳铁厂、萍乡煤矿的高层管理者也参加了投保。

1万两寿险赔款为张赞宸遗属生活给予了重要保障。据《仁济和保险公司第二十六届结账》记载，1911年，仁济和保险公司上海公司总经理的月薪为白银73两，加上年底双薪及闰月，全年收入1022两(不是闰年的普通年份为949两)。以此推算，1万两赔款大体可抵张赞宸10年的收入。清末官方存款年利率大概为1分甚至1分以上，按年息1分

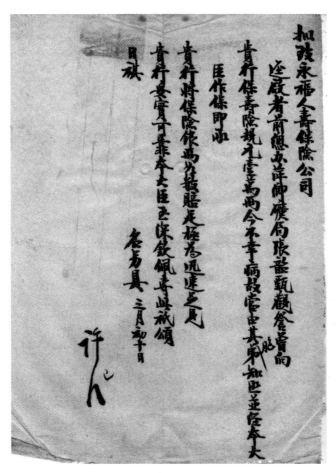

光绪三十三年(1907 年)盛宣怀致永福人寿函

(10%)计算,1 万两存款一年的利息收入也有 1000 两,也就是说,赔款的利息收入相当于张赞宸生前的薪水。

张赞宸的寿险赔款,可谓中国历史上的第一笔华人寿险大赔案——这在中国保险史上颇具意义。①

---

① 以上参见童伟明:《中国历史上的第一笔华人寿险大赔案》,http://www.yidianzixun.com/article/0leoyvc4。

第八章　晚清铁路建设的资金筹措

一、卢汉铁路建设宁可借洋债而不参洋股

1895 年中日甲午战争结束后，深受打击的光绪皇帝决心变革，并提出救亡图存的六项"力行实政"，修铁路被列为首项。

卢汉铁路(即京汉铁路)是甲午中日战争后，清政府准备自己修筑的第一条铁路。1896 年 9 月 2 日，张之洞向清廷推荐"由盛宣怀督办铁路最为适当。因盛兼商业、官法、洋务三者之长"，10 月 20 日，盛宣怀奉命"以四品京堂候补督办铁路总公司事务"，并被皇上授予"专折奏事特权"。

修筑铁路最大的问题是资金的筹集问题。甲午战争失败，国库空虚，朝廷拿不出钱，张之洞、胡燏棻、刘坤一等朝廷大员先后上折，提出各自的筹款办法，朝廷决定采纳胡燏棻的商办主张，并于 12 月 6 日发布上谕："各省富商如有能集股至千万两以上者，著准其设立公司，事归商办，一切赢绌，官不与闻。"但华商对政府商办铁路的响应并不积极。"铁路招股，遵谕宣布，沪商尚无入股。电询粤商，亦无应者。"原因是"无一定之章，无共事之权……如招商、电报局皆官权重而商利轻，以故各怀观望"。① 盛宣怀主张的筹款顺序是先官款，次洋债，后

---

① 参见王树楠：《张文襄公全集》，文海出版社 1963 年版，第 651 页。

商股，同时寄希望筹办银行、集商股来解决一些问题。

1896 年 11 月，盛宣怀正式筹办成立中国通商银行，先集商股二百五十万两，招商局集八十万两。1897 年 5 月 27 日，"中国通商银行"上海总行正式开张。但是，由于中国自己的第一家银行势单力薄，而铁厂、铁路同时要办，这两大项目都是需要巨额资金才能真正运转的，其中铁厂所需的绝大多数资金，都是靠调用盛宣怀掌控的轮船招商局、电报局等的资金来解决的，如此一来修筑铁路的资金就变得捉襟见肘了，在这种情况下，不向洋人借债是行不通了。

1897 年 1 月，铁路总公司成立于上海，又在天津、汉口设立了两个分公司。盛宣怀向清政府奏明先造卢汉干路，其余苏沪、粤汉次第展造，不再另设立公司。"时各国商人先谋入股，继谋借款包揽路工。而京外绅商亦竞请分办他路，实则影射洋股与借名撞骗者各居其半。"盛宣怀通电直、鄂等省，对此一律驳置不理，坚持先尽官款开办，然后择借洋债，再集华股，坚决反对招洋股。

担任铁路总公司的督办，盛宣怀对自己肩上的责任与可能遇到的困难是有足够认识的。他在给两江总督刘坤一的信中说，铁路修筑之事"在泰西为易办，中国则有三难。一无款，必资洋债；一无料，必购洋货；一无人，必募洋匠……风气初开，处处掣肘"。① 这三难中，资金可以说是最难的了。

因为盛宣怀有之前 15 年办洋务的实践与经验，"购洋货"与"募洋匠"，对他来说已经有现成的办法可资借鉴，而"资洋债"，尽管盛宣怀之前也代政府向外国借过钱，但是，现在清政府国库空虚，你再向外国借钱，就会面临很苛刻的条件。

事实上，清政府原来是打算铁路实行"官督商办"的，由各省富商集股修建，但当时清政府信誉扫地，华商"各怀观望"，无人问津，不得已只好想办法用洋人的钱了。

---

① 参见盛档，盛宣怀《致刘岘庄制军》，光绪二十三年正月初五日。

　　要想用洋人的钱，实际上也有两种方式，即"借洋债"与"招洋股"。尽管这两种方式都是用洋人的钱，但是差别很大。借了洋人的钱，本利还清后，他对铁路的权益无法干涉；招洋股，那一旦洋人的股权变大后，他就有可能掌控铁路的主权。这与盛宣怀一贯坚持的"权自我操"的立场是格格不入的。

　　当时，清政府的倾向是以"洋商入股为主脑"，李鸿章也认为"洋债不及洋股容易"，① 均认为以招洋股为宜。盛宣怀则说："所议借洋债与招洋股，大不相同。若卢汉招洋股、鄂、豫、东、直腹地，原不至遽为所割，但此端一开，俄请筑路东三省，英请筑路滇、川、西藏，法请筑路两粤，毗连疆域，初则借路攘利，终必因路割地，后患无穷。是何异揠苗助长！若借款自造，债是洋债，路是华路，不要海关抵押，并不必作为国债，只须奏明卢汉铁路招商局准其借用洋款，以路作保，悉由商局承办。分年招股还本，路利还息，便妥。"②

　　张之洞赞成盛宣怀的意见，他说："惟有暂借洋债造路，陆续招股分还洋债之一策，集事较易，流弊较少。盖洋债与洋股迥不相同，路归洋股，则路权倒持于彼，款归洋债，则路权仍属于我。"③经过再三考虑，盛宣怀决定"无论议借何国路债，必须先用华款，后用洋债"。因为先用华款自造，造成一段，用路作为抵押，可以免去苛条，"庶可权自我操，不致贻后来无穷之患"。④

二、卢汉铁路向小国比利时贷款

　　为解决卢汉铁路的建设资金问题，盛宣怀在王文韶、张之洞的保荐

---

① 参见《愚斋存稿》，卷24，第27页；卷25，第10页。

② 参见盛档，盛宣怀《寄王夔帅》，光绪二十二年三月二十七日。

③ 参见张之洞：《卢汉铁路商办难成另筹办法折》，光绪二十二年七月二十五日。

④ 参见盛档，盛宣怀《密陈筹办卢汉路次序机宜折》，光绪二十三年三月。

下，到总理衙门呈递了《拟办铁路说帖》，提出"由铁路总公司募集 4000
万两，其中先募商股 700 万两，入官股 300 万两，借官款 1000 万两，
借洋债 2000 万两的筹款办法"。1896 年 10 月 20 日，清廷批准设立铁
路总公司，任命盛宣怀为督办，同时仍派王、张两督"督率兴作"。

盛宣怀筹款的主张是先官款，次洋债，后商股，所以，强调户部拨
官款是"借款招股之枢"，"路工之迟速，实以拨款之迟速为断也"。然
而，在清政府财政拮据、度日维艰的情况下，划拨 1300 万两官款谈何
容易。官股 300 万两作为开办经费比较顺利，卢汉铁路公司成立不久，
户部就将"广东商款二十六万，北洋凑足二十四万，南洋二百五十万"
作为南北洋官股，专款存储，随时可以领用，余下的 1000 万两官款就
颇费周折了。

1897 年夏，盛宣怀给户部尚书翁同龢写信："但求夏间先拨四数，
秋间拨三数，冬间拨三数，一经奏定，总公司便可放手分头办事。"但
是，事实上直到 1899 年夏，卢保（北京到保定）工程才得以首先告竣。
至此，卢汉铁路共用官款近 1000 万两（其中包括 300 万两官股），尚有
300 万两"议定之数"实在无从挪措，也就只能作罢。

而盛宣怀打算募集的 700 万两商股，由于卢汉铁路所经鄂、豫、直
三省"无甚富商大贾"，所以，"专指卢汉而招股，恐直无人过问"，为
此盛宣怀与张之洞商议"先举商务总办，设立卢汉铁路招商总局，一面
招集华股，一面责成商务总办，由商局筹借洋债"。① 1896 年 7 月 23
日，盛宣怀致电王文韶、张之洞："新加坡领事张振勋来函，伊愿来沪
与宣面商铁路事件。……张实为南洋华商巨擘，张来则从者必多，可否
乞宪台电咨龚使，准即调回中国，面筹路事，愈速愈妙。"② 由此可知，
盛认为张振勋作为"华商巨擘"对于侨资所具有的旗帜性影响，因而主
动与张振勋取得了联系，并得到了他回国参与卢汉铁路的同意。7 月 31

① 参见宓汝成：《中国近代铁路史资料：1863—1911》，中华书局 1984 年版，
第 1 册，第 226 页。
② 参见《愚斋存稿》卷 89 补遗 66，第 25 页。

日，盛宣怀致电王文韶："张振勋可充一(铁路)总董，责成外埠招股。"
在张之洞、王文韶的努力下，朝廷同意了盛宣怀的推荐。张振勋在受到
盛宣怀重视的同时，也执着于中国的铁路建设，为卢汉铁路的招商费尽
心机。当然，卢汉铁路建设事实上并未用商股，但并不等于张振勋毫无
招商成就和影响。①

　　由于官款已无法再挪措，商股难以募集，盛宣怀只有一条路可走，
就是向洋人借款。借款筑路的消息一经传出，美、英、法、比等国商人
纷纷行动，他们先谋入股，继谋借款包揽路工，盛宣怀则坚决反对招洋
股而同意借洋债。1896 年 11 月 1 日，盛宣怀与美国华美合兴公司代表
柏许进行谈判，由于美商"欲以包工渔利，密函饵我二百万两，当美总
领事面前掷还原函，旋即罢议"。② 1897 年春，盛宣怀又分别与英商恭
佩珥、德国人德璀琳商议借款事宜，皆因要价太高而作罢。

　　1897 年 2 月，比商至鄂，议铁路借款一事。3 月 17 日，比利时驻
汉口领事法兰吉会见张之洞，面商筑造卢汉铁路事宜。盛宣怀认为，其
他国家胃口太大，而比利时是个小国，钢铁资源丰富，铁路技术成熟，
尽管它有法国做后台，但它"国小而无大志，借用比款利多害少"，③
比较让人放心，经过四个月的谈判，最终与比利时人达成了协议。

　　1897 年 10 月，盛宣怀代表清政府与比利时公司签订了卢汉铁路借
款合同草约，该合同规定，筑路工程由比利时公司派人监造；所需材料
除汉阳铁厂可以供应外，其余都归比利时公司承办，并享受免税待遇。
在借款期限 30 年间，一切行车管理权均归比利时公司掌握。这是不得
已而为之的较好的办法。其中有"比公司举荐总工程师监修路工"这一
款，以卢汉铁路借款合同为蓝本，以后各路借款合同中均确定由债权方

---

① 以上参见张庆锋：《论盛宣怀与卢汉铁路筹款》，《河南大学学报(社会科
学版)》2005 年第 2 期，第 191~195 页。

② 参见北京大学历史系近代史教研室：《盛宣怀未刊信稿》，中华书局 1960
年版，第 215 页。

③ 参见盛档，盛宣怀《遵旨沥陈南北铁路办理情形折》，光绪二十四年五月。

举荐工程师监修铁路。

1898年2月，因胶州发生疫情，比欲翻议，借口东线将筑津镇路，延不交款，多方要挟。盛宣怀乃以卢汉、粤汉两路均将改用美国贷款，对比利时公司予以威慑之，几经磋磨，续议条件，并允适当加息，才使比方未予悔议。

1898年6月23日，《卢汉铁路比国借款续订详细合同》和《卢汉铁路行车合同》正式签订，清政府向比利时公司借款450万英镑（年息5厘，9折付款，期限30年）。该合同规定，筑路工程由比利时公司派人监造；所需材料除汉阳铁厂可以供应外，其余都归比利时公司承办，并享受免税待遇。在借款期限30年间，一切行车管理权均归比利时公司掌握。8月11日，借款合同奉光绪皇帝朱批"依议"，《卢汉铁路比国借款续订详细合同》和《卢汉铁路行车合同》正式生效。

卢汉铁路

合同签订后，此前断断续续修筑了100多公里的卢汉线，终于可以大举兴建了。不久，清政府又以同样的条件，向比借款1250万法郎。

在铁路建设资金的筹集上，盛宣怀在张之洞的支持下，力主"争权让利"，宁偿高息，借用"洋债"，拒参"洋股"，力争铁路主权在我，将"借款与造路分为二事"，减少债权对路权的干预，在一定程度上维护了国家主权。

1906 年 4 月 1 日，连接北京与汉口的全长 1214.49 公里的铁路干线卢汉铁路全线通车。因力主修建这条铁路才被派任湖广总督的张之洞与直隶总督袁世凯一道对全线进行验收后，改卢汉铁路为京汉铁路。

而汴洛铁路也由法国和比利时公司中标修建，以郑县车站为中心，东至开封西到洛阳。1905 年 6 月，汴洛铁路在开封破土动工，两年后建成。

三、盛宣怀力阻容闳融资修筑津镇铁路

随着卢汉铁路修建的启动，西方列强在中国抢占路权之风盛行，盛宣怀描绘这种情景时说："吉黑北路已经许俄代造，滇桂南路，法亦来争代造。"卢汉、粤汉等干路，"英、德眈眈虎视，几若不得此不甘心者"。① 面对这种形势，盛宣怀针锋相对地与西方列强展开了争夺路权的斗争。

1897 年 11 月 5 日，卢汉铁路汉口至孝感段正式开工，盛宣怀专程由上海赶赴汉口，检查汉孝段工程的具体部署，并主持开工仪式。

盛宣怀赴汉口后，因劳累过度，旧病复发，不得不回沪卧床休息。正在此时，北京有人密电禀告在病床上休息的盛宣怀，说："容闳（1828 年 11 月—1912 年 4 月，原名光照，号纯甫，广东香山县人，中国近代著名的教育家、外交家和社会活动家，是中国留学生事业的先驱）由天津经清江至镇江修筑一条干线即津镇路的请求，清政府已批

---

① 参见盛档，盛宣怀《筹办卢汉铁路情形并呈比国借款草合同折》，光绪二十三年四月。

准，津镇路名义是集华股而实质是洋股。"

盛宣怀得知这一情况后，十分着急，他担心这会对当时仍在磋磨不已的中比借款交涉造成极为不利的影响，对他确保"中权干路"的建设规划也是严重的干扰。11月22日，盛宣怀密电王文韶和张之洞：京密电"容闳在总署呈请办镇江至津铁路，有款千万请验！先以百万报效，路成再报效百万。邸意颇动，交各堂议。如准，于卢汉事有碍否云"，并强调"此系洋股，路近款便，必先卢汉告成，东南货客分去，洋债难还，比可藉口悔约。如议准，南北有路可通，保汉似可缓造"。①

盛宣怀怀疑容闳的千万之款来自洋股，如是华股，那又为何事先需要"报效"政府百万，事后再"报效"百万呢？11月23日，他又函告直隶总督王文韶，反对容闳办津镇路，说："若清江别开一路，则东南客货均为所夺，卢汉将来断不能集华股还洋债，卢汉一路必致停废无成……中国物力异常艰窘，倘属华商资本，岂能两路并举，徒自争竞！至于报效巨款，其为洋股可知，无论何路皆不可准。饵我小利，必受大害。"②

在盛宣怀看来，容闳借款承筑津镇铁路，是图谋在总公司之外另起炉灶，为此，他致电张之洞和王文韶称："年底广东京官电称，容闳另造镇江至天津铁路，已定议，即询常熟（指翁同龢），顷接复电云：容虽未定，势在必行八字。"他甚至担心容闳的计划与德国强夺山东路权的行径有关，怀疑朝廷因山东路权已经让与德国，"故派容与德办"。

容闳的计划也触动了张之洞的敏感神经，在卢汉铁路谈判遇阻的情况下，张之洞自然决心与盛宣怀一起阻止总理衙门批准容闳的计划。1898年1月26日张之洞致盛宣怀、王文韶二人密电："容闳东路竟欲准行，实可骇异。昨接夒帅电，德国修山东铁路一条，似已允。既许德自胶造，又令容自清江造，报效百万，必系洋股。此路直穿东境，德必

① 参见苑书义等：《张之洞全集》，河北人民出版社1998年版，第7421页。
② 参见盛档，盛宣怀《致直督王夒帅》，光绪二十二年十月二十九日。

速造，令与此路接，是为虎傅翼也。德军长驱而北，自胶一日达永定门，关系京畿安危，尚不在西路损益也。必须飞速会衔电奏阻止……"①从中可以看出张之洞的心思。

张之洞也认为容闳的建议有西方列强的背景。他致电盛宣怀、王文韶和刘坤一，以不容置疑的语气陈述了自己的判断："顷闻容闳呈请造镇江至天津一路，报效百万，不胜惶骇。查胶州至京止一千四百里，容闳路必经济南省城，德路由胶至济止六百里。容闳来自美国，且事前即报效巨款，必系洋股无疑，即是间有华股，而在英之华商财产多与洋人合，且归洋人保护，仍与洋股无异，且不仅美商铁路股票辗转售卖，各国洋人皆有。虽容闳本无他意，但关涉洋股，容闳将来亦不能自主。容路短而款足，不过两年必成。此路成后，德之陆军长驱而北，一日而至永定门矣。容路既系洋股，将来必与德国勾串，断不听中国指挥，一旦猝有变故，如强占胶州湾……防不胜防，战不能战，避不及避。从此京师岂有安枕之日？"张之洞把这种意思向总理衙门作了表达，而且语气更为坚决："无论德路造与不造，容路皆不可准。"②

盛、张二人的态度得到了刘坤一的响应。刘坤一致电总理衙门，表达了与张之洞类似的观点："若允容闳之路，其成必速，德路亦必接至容路。容系洋股，与德易于勾串，是目前允容造路，无异许德造路至京，祸将不测。"由此，加大了容闳修筑津镇铁路的阻力。

当盛宣怀听说容闳请修津镇路是得到李鸿章支持的时候，他没有退缩，而是直接写信致总理衙门，陈述修建津镇路对卢汉路的不利影响："因时局变迁，原难拘执成议，惟卢汉干路内外几经筹度而后定。南连湘粤，西通川陕，东达长江，利，则聚天下之全力以保畿辅；不利，亦可联十余省之精锐以保中原。今若改营镇津，卢汉停办，恐以后各路事权均属外人，无一路可以自主。数十年归还中朝之说，尽属子虚，大局

---

① 参见苑书义等：《张之洞全集》，河北人民出版社 1998 年版，第 7472 页。

② 苑书义等：《张之洞全集》，河北人民出版社 1998 年版，第 2123 页。

何堪设想!"①最终,在其努力下,津镇路因故而停建。

四、清末两次发行的沪宁铁路债券

随着卢汉干路的全面铺开,修建东南沿海沪宁铁路的呼声越来越高,不断地被传到官府大臣的耳中。1896年9月2日,南洋大臣沈葆桢援北洋之例,奏请建筑吴淞至江宁的铁路;直隶总督王文韶、两江总督张之洞会奏:先筑淞沪,后筑沪宁,清廷批准。1897年(光绪二十三年),两江总督张之洞等又建议清政府修建吴淞至江宁的铁路,并从苏州接一条支路到杭州。

1898年,英国政府以最惠国待遇为由,向清政府索办沪宁铁路,这时借款修路已逐渐成为清政府可接受的方式。英国在长江流域特别是在上海地区的侵略势力久经积聚,非他国可比,长江航运权也大部分操纵在它的手里。对于这条穿越江浙富裕地区的沪宁铁路,英国觊觎已久。1898年4月英国终于获得总理衙门的准许,承办沪宁铁路。

1903年7月9日,中英银行公司的代表璧利南(B. Brenan)与盛宣怀在上海正式签订《沪宁铁路借款合同》。由借款合同得知,沪宁铁路曾经先后发行过两次债券。合同规定的借款总额为325万英镑,债券分两次发行:第一次在1904年,发行了225万英镑,按折扣扣除后实收数为202.5万英镑;1907年第二次发行的沪宁铁路债券为65万英镑,按9.55折扣,实收620750英镑。另外,1913年10月,清廷又向中英银行借款15万英镑,发行了购地债券。沪宁铁路借款利息为年利5厘,贷款按9折交付。借款期限长达50年,债券若在未满25年之前取赎,则借款需加值归还,即每100英镑多还2.5英镑。汇丰银行经理还本付息业务,按每1000英镑收取25英镑行佣。发行3次债券共收款2783750英镑。出于无奈,合同让债权公司攫取了债券发行时的折扣

① 参见盛档,盛宣怀《寄总署、夔帅、香帅》,光绪二十四年正月二十二日。

大、利息高、借款期长、分享余利、苛索酬劳费、垄断材料供应等一系列优惠所带来的巨大收益。①

1905 年 4 月 25 日，沪宁铁路分成上海—苏州、苏州—常州、常州—镇江、镇江—南京四段同时开工建造。盛宣怀作为铁路总公司督办，亲自主持了沪宁铁路的开工典礼。

经过一年多的努力，沪宁铁路上海—苏州段建成，盛宣怀终于把从上海开出的火车，通到了他的第二故乡——苏州。苏州火车站是在沪宁铁路第二期工程(即南翔至无锡段铁路工程)中修建的，于 1905 年 4 月竣工；站屋系平房，长 19.2 米，宽 10.67 米，设售票窗口 6 处。两侧为辅助用房，其中月台两座，造价 7.15 余万银元；地道一条，费用为 7190 银元。

苏州至无锡段的铁路是 1906 年完工的，1906 年 7 月 16 日同时举行苏州、无锡站建成通车典礼，两天后即开办营业。建站时，因车站设在苏州，故站名定为苏州站。

又经过不到两年的工程建设，沪宁铁路于 1908 年(光绪三十四年) 4 月 1 日全线通车，线路全长 311 公里，由上海北站至南京下关站，沿途共设上海、苏州、无锡、常州、镇江、南京等 37 个车站。当时上海到南京的火车需要行驶 10 个小时。

在沪宁铁路通车的同时清廷也设立了"沪宁铁路管理局"，即今上海铁路局的前身，该局名义上派有华人主持局务，但管理实权仍在英国人手中。沪宁铁路的经营管理权直到 1929 年才由国民政府铁道部逐步收回。

沪宁铁路的通车，为中国长三角的发展奠定了基础，今天中国的现代化高铁，已经驰骋祖国的大江南北，从上海至南京坐高铁，只要一个多小时就可以通达。但是我们不得不承认沪宁铁路段仍然是中国最繁忙

① 参见龚建玲：《清末发行的沪宁铁路债券》，《世界轨道交通》2005 年第 3 期，第 66 页。

的铁路段，足见这段铁路在中国铁路网中的地位。

同样，我们不能不想到当年修建这段铁路时所承受的艰辛，历史给了这样的安排，使沪宁铁路与盛宣怀的名字连在了一起。

中国铁道博物馆现收藏有沪宁铁路 1904 年第一次发行的债券。这是一张面值 100 英镑的英文债券，票面衬浅棕底色，文字是黑色印刷体，上题"大清帝国 5 厘利息贷款 325 万英镑的沪宁铁路债券"。正文主要是关于债券发行、利息、兑换、赎买、抵押担保等方面的内容。其下半部分是中英双方的印鉴和签字。左侧印章篆刻"督办铁路总公司事务大臣之关防"，下有督办大臣盛宣怀的签名，右侧印章是驻英大臣张德彝的官印和他的中英文签名，官印下面还有他的名章。中方印章下面是中英银行公司董事的签字。票面所署时间为 1904 年 12 月 2 日，地点为伦敦。债券背面文字是摘录《沪宁铁路借款合同》中关于抵押和赎买的部分条款。

五、盛宣怀与沪杭甬铁路贷款

沪杭甬铁路，原为苏杭甬铁路，即由苏州至杭州再展至宁波。到 1908 年 2 月，因上海至嘉兴一段已修筑成功，邮传部将铁路的起点改定为上海，苏杭甬铁路于是更名为沪杭甬铁路。

卢汉铁路筹建借用了小国比利时的贷款，英国对中国铁路的投资又晚于法、俄等国，为巩固其自身在长江流域的地位，英国开始抢占长江流域的筑路特权。1898 年 7 月，英使窦纳乐向清政府提出包括苏杭甬铁路在内的"五路承筑权"，要求清政府在限定的时间内给予答复。清政府在外交压力下，基本接受了英国的要求。

在此之前，怡和洋行曾向盛宣怀提出承筑苏杭铁路，并希望将来能由杭州展至宁波的要求。所以，总理衙门仍命盛宣怀与英商商讨有关事宜。1898 年 9 月 1 日，盛宣怀与怡和洋行在上海订立《苏杭甬铁路草约》。草约规定苏杭甬铁路草约以及将来订立的正约，都与沪宁铁路章程一样办理，并要求怡和洋行及时派人测勘各路。

由于借款合同多附有经济政治条件，外国公司在得到了丰厚的购料佣金、还本付息佣金、余利外，还享有对铁路的管理权、用人权、稽核权，并且合同规定中方必须以铁路的全部产业作为借款抵押，若到期不能还本付息，外方将把铁路据为己有。

这些后果引起了各方的关注，清政府开始倾向于通过民间集资的方式由中国人自己兴办铁路。1903 年 9 月，清政府裁撤矿物铁路总局，将路矿事务归商部管理。12 月，由商部拟定，清政府颁布了《铁路简明章程》，对铁路政策再次做出调整，主要是加强了对华商商办的鼓励和对外资的限制。《铁路简明章程》第 6 条规定：集股总以华股或占多数为主，不得已而搭附洋股，则以不逾华股之数为限。

在此情况下，各省商办铁路公司纷纷涌现，商部奏准苏杭甬铁路由江浙两省自办。1905 年 7 月 26 日，浙路公司成立，1906 年 4 月 3 日，苏路公司成立。同时，清廷责成盛宣怀与英商磋商，废苏杭甬铁路草约，务期收回自办。①

之前在 1903 年，"宁波帮"商人李厚佑请准自办杭州从江干到湖墅的一段铁路。盛宣怀即催函英商，限以六个月之内勘测估价，否则废约，英方没有答复。因此中英之间的草合同按事实理应作废，但是未履行手续。在得知商部奏准江浙两省自办苏杭甬铁路后，1905 年 12 月，英国公使萨道义向外务部提出以沪宁铁路的测勘工师详细勘测苏杭甬铁路。外务部指出，苏杭甬铁路已由浙江巡抚张曾扬接管，不再归沪宁铁路督办大臣盛宣怀兼理。萨道义根据外务部的答复，指示怡和洋行绕开盛宣怀，请英国驻杭州领事直接与浙江巡抚张曾扬交涉勘路事宜。

张曾扬认为，苏杭甬铁路已由浙人创立公司自办，草约已逾期作废，英方不能再提议勘路。同时，坚持由怡和洋行与盛宣怀开议草约的相关问题，拒绝与英国驻杭州领事谈判。此后，萨道义多次照会外务

① 参见夏东元：《盛宣怀传》，四川人民出版社 1988 年版，第 525 页。

部，坚持"草合同乃系国家允准之据"，不承认草约已逾期作废，拒绝与中方商谈废约事宜，张曾扬则根据议撤废约的上谕拒绝与英国驻杭州领事商订正合同。

1906 年 4 月，浙路公司已集股四百余万，聘定工程师罗国瑞勘测铁路，即将开工建设。浙省商绅与官员纷纷致电外务部，请求外务部拒绝与英商订立借款正合同。直至 1907 年正月，继萨道义上任的英国公使朱尔典，根据嘉乐恒与外务部的协议，再向外务部提出议订苏杭甬铁路借款正合同的要求。而到 1907 年 3 月，苏路公司方面，自苏至嘉早已勘路购地，自沪至松，已陆续铺轨开车至辛庄一带；浙路公司方面，自闸口至枫泾段已开工近半年。

因此，朝廷主张缓议正合同，朱尔典则要求，"如欲展缓，请饬停工"。外务部考虑到南方的饥民较多，如果饬令停工，很有可能"别生事端"，没有答应朱尔典的要求。

1907 年 4 月，外务部在综合考虑各方面的情况后，决定由汪大燮接办苏杭甬铁路对英借款问题。朱尔典接受了外务部的这个安排，条件是苏杭甬铁路借款合同参照广九铁路借款合同办理。同时，不断向清政府施加压力。

1907 年 6 月 28 日，朱尔典向外务部提交借款办法草稿节略，主要内容是：利息五厘，本息由中国国家担保，不用苏杭甬铁路作为抵押；以华人为总办，任用英国人为总工程师及总管账。朱尔典试图逼迫外务部接受草稿的全部条款，汪大燮坚持"英方不过问筑路事宜"的原则，删去了择用英人为总工程师及总管账一项，将借款与筑路分开，坚持路由中国自造。

1907 年 9 月，英方再次催促订立正约，要求与津浦铁路借款合同同时议定。苏、浙两省得知这一消息后，官绅、商会、学校纷纷致电清廷，反对借款。鉴于此种情况，清政府不同意苏杭甬铁路借款合同与津浦合同一起议定。

到 1908 年，邮传部的铁路政策发生了变化，各商办铁路公司无法筹集到巨额资金，商办铁路工程进展十分缓慢，而借款筑路的沪宁、卢汉等工程在 1908 年多顺利完工，与本国商办铁路多无起色形成鲜明对比。

邮传部和清政府开始又逐渐认同借款官办方式。1908 年 2 月 4 日，苏杭甬铁路起点改定为上海，邮传部、外务部与英商正式签订《沪杭甬铁路借款合同》，考虑到江浙两省反对借款运动的高涨，外务部提出"部借部还"的方案。邮传部拟定《江浙铁路公司借款章程》，规定借款合同中的折扣、余利、佣金等由邮传部与江浙督抚先垫付，到苏、浙两公司获得余利后再归还，不以铁路作为抵押；在苏、浙两公司之下设沪杭甬铁路局，以英国人为总工程师主持局事。3 月 9 日，盛宣怀又被授为邮传部右侍郎，管摄路、电、航、邮四政。①

六、盛宣怀与粤汉路美商的贷款

自从德国占据胶州湾后，俄国占领旅顺，法国窥视琼州，日本图谋福建，英国则有图扼长江之谋，国家被瓜分的危机日益严重。1898 年 2 月，盛宣怀在向清廷上奏、陈述此种危急形势之后，提议粤汉路一定要由中国人自办，他说："是各要害口岸，几尽为外国所占。仅有内地，犹可南北自由往来，若粤汉一线再假乎英人，将来俄路南引，英轨北趋，祗卢汉一线局蹐其中，何能展布？惟有赶将粤汉占定自办，尚堪稍资补救。故此路借款，断以美国为宜，若无意外枝节，竭六七年之心力，当可使南北相接。"②不久，清廷终于批准了盛宣怀粤汉路由湘、鄂、粤"三省绅商自办"的请求，仍由盛宣怀任督办。

当时占夺粤汉铁路的劲敌是英国，在盛宣怀已经取得督办粤汉铁路

---

① 参见夏东元：《盛宣怀传》，四川人民出版社 1988 年版，第 528 页；黄文：《晚清沪杭甬铁路对英借款刍议》，《牡丹江师范学院学报(社会科学版)》2007 年第 4 期，第 50~52 页。

② 参见夏东元：《盛宣怀传》，四川人民出版社 1988 年版，第 507 页。

之权后，英国仍喋喋不休地向清廷索要该路的承筑权。盛宣怀则采取由
"总公司综其纲领"的湘、鄂、粤"三省绅商自行承办"的办法，坚决将
英国拒之门外。盛宣怀上奏清廷说："现在沿海沿边，无以自保，要在
保我腹心，徐图补救。若使英人占造粤汉轨道，既扼我沿海咽喉，复贯
我内地腹心，以后虽有智勇，无所复施。中国不能自立矣！事机万分危
迫。"①盛宣怀横下一条心，要确保粤汉路不被侵占。

　　盛宣怀对于铁路建设的基本方针是，干路借款自造，支路尽可能华
商接造，或虽为外人所造，也作为中国的支路。他在致外务部电中说：
"查各国铁路皆由自主，中国穷于财力借助外人，自应先定干路若干
条，由国家借款兴造，其余支路，仿照日本成法，准华商筹款接造，由
短而长，由近及远，庶可有益无损。"②

　　粤汉路由"三省绅商自办"，但是三省绅商财力有限，清政府决定
还是向外商借款，这在开始也得到商民的理解。至于向何国借款，张之
洞和盛宣怀主要从政治和国防角度出发，最后选中了美国。他们认为
"英及法、德，无论何国承办，皆有大害"，而独美国"向无觊觎于中国
之心"。③ 在卢汉路借款时，盛宣怀即与美国合兴公司多次进行过商谈。
但此时列强掀起了瓜分中国的狂潮，粤汉路"缓办则必为彼族强占之
资"，"惟有赶将粤汉路占定自办，补救万一"。④ 同时，盛宣怀还想借
美约来迫使比利时早日签订卢汉借款续约。为此，张之洞和盛宣怀授意
驻美公使伍廷芳与美筹议借款。经反复交涉，1898 年 3 月初，伍廷芳
与美国合兴公司订立了粤汉草约十二条。由于时局艰危，该项草约迅速
由清廷批准，并于 1898 年 4 月由伍廷芳与合兴公司在华盛顿画押。对
于此约，他们认为"虽美约权利稍重，究无后患"。从当时列强要瓜分

---

　　① 参见盛档，盛宣怀《湘粤鄂三省绅商请承办粤汉干路电奏》，光绪二十三
年十二月二十二日。
　　② 参见盛档，盛宣怀《寄外务部》，光绪二十八年九月二十日。
　　③ 参见苑书义等：《张之洞全集》，河北人民出版社 1998 年版，第 1237 页。
　　④ 参见苑书义等：《张之洞全集》，河北人民出版社 1998 年版，第 7458 页。

中国的现实看，这个草约的签订也的确达到了盛宣怀他们的预期目的，对于遏制英法对华南的分割起到了一些作用，同时该约对逼使比利时"迅速就范"也起了推进作用，有助于卢汉铁路的修筑。

草合同签订后，合兴公司派人赴粤、湘勘查路线。但因粤商、湘商愿自办粤汉路，两广总督请清廷缓办，湖南巡抚坚决不让洋人勘路。而湘绅熊希龄等人又联名致电张之洞，诘责盛宣怀。盛宣怀的处境十分艰难。在张之洞的大力支持下，盛宣怀才偕同合兴公司勘完了粤汉路工。之后，合兴公司借口原先估计的 400 万英镑的造价不敷所用，送来续约十七款，除原合同所获权利外，又索要在铁路沿线开矿之权。张之洞和盛宣怀对合兴公司的无理要求极为愤懑，认为所求权利多过卢汉，并致电美驻华大使："须劝坎理公平妥议，无碍他约，总公司方能酌定奏咨。"[①]

当时，中国已设立了路矿总局，中国所有路、矿之权均归其管辖，各省无权将路、矿交由外洋开办，因此张之洞和盛宣怀拒不接受续约要求，谈判陷入僵局。盛宣怀担心粤汉路约不定，恐"夜长梦多"，最后由张之洞做主，同意了合兴公司的大部分要求，于 1899 年 10 月订立续约草约。[②]

中美粤汉铁路续约签订后，恰逢美国国内金融危机，合兴公司招股不足，一再推迟开工日期。为摆脱困境，合兴公司擅自将粤汉路股票的三分之二出售给比利时商人，但是合同并未转于他国商人，未违合同有关条款，盛宣怀无法追究合兴公司的做法。1902 年初，张之洞电询盛宣怀粤汉路议定两年仍不开办的原因，盛宣怀复电，"美公司已先集股美金三百万元，派总办来华，约二月内到"，又将所闻美商售股比国之事及伍廷芳的调查结果向他作了汇报，并认为"粤汉美约底本，尚不离

---

① 参见宓汝成：《中国近代铁路史资料：1863—1911》，中华书局 1984 年版，第 510 页。

② 参见宓汝成：《中国近代铁路史资料：1863—1911》，中华书局 1984 年版，第 510~511 页。

谱；若另换，更吃亏，似不如仍旧催办为妥"。① 盛宣怀不想废约，是其在保持主权的前提下，更多地从经济利益方面考虑的。

为遏制合兴公司继续越权，盛宣怀请张之洞乘合兴公司代理总办在汉阳谒见张之洞之机警告他"权勿让人，一切须照合同办事，勿再越权"。张之洞依意而行，明确告诫合兴总办："此路必须全归中国、美国两国之人管理；上海及鄂省总局洋人，中国惟认美国人。"②张之洞又电告盛宣怀要合兴公司由鄂、湘、粤三处赶办，至少也要两头兴工，并应先将武昌至长沙一段先行赶竣。而美总办声称：只能先修广州至佛山、三水支线，然后才能售票得款修筑干道；"若必欲同时开工，则必决裂"。显然，合兴公司现在并无资金三处开工。盛宣怀无奈地向张之洞表示，"宣承此重任，恨不速成以了经手。然局势无可如何，只能走一步是一步"。

1903 年，合兴公司将粤汉股份三分之二售给比国的消息传到国内，这与通过向美借款，以遏制英、俄、法、比等势力的初衷相悖，于是舆论大哗，湘鄂粤三省绅民力争废约，掀起了粤汉铁路收回利权运动。

盛宣怀深知湘鄂粤三省并无实力修筑粤汉干路，故他无意废约，但却想借三省绅民之力，迫使合兴公司回到合同规定的条款上来，收回比方股权，按期完工。但是他这一想法为三省绅民所不容。

1904 年 5 月，盛宣怀赴江宁，与张之洞、魏光焘商议美国合兴公司废约一事，随后电告驻美大使梁诚，向美提出废约要求，并派铁路总公司参赞福开森回美"曲为斡旋"，并提出了暗中收买比方股票以收回路权的主张，要求三省尽快筹集资金，这得到了张之洞的赞同。

当盛宣怀得知美政府坚决支持合兴公司，而三省资金又难以筹足时，他对废约失去了信心，接受了以美接美或中美合办的主张，并将之

① 参见宓汝成：《中国近代铁路史资料：1863—1911》，中华书局 1984 年版，第 750 页。
② 参见宓汝成：《中国近代铁路史资料：1863—1911》，中华书局 1984 年版，第 751 页。

禀告张之洞。而三省绅民见盛宣怀没有拿出切实可行的措施，未使废约一事有重大进展，便群起而攻之。

此时，张之洞见民心不可违，便扛起了废约大旗，以"三省代表"自任，直接、间接地将责任完全推给了盛宣怀。他向朝廷解释说："粤汉路事，初以系铃解铃，望之某公。乃延宕数月，总是拖泥带水，不肯摆脱一切，继悟此事非将其撤开不可，乃往电梁使，密筹机宜"，"总之，此事敝处已力任其难，必当妥筹结束，收回主权，但必须祖美者不与闻，方免横生枝节"。①

1905 年 9 月，清廷下旨：粤汉铁路废约事，责成张之洞、梁诚一手经办，盛宣怀不准干预。②"当此紧要关头，之洞与宣怀之间，已因粤汉路事，而起政争矣"。③

为避免引起中美交涉，顾全美国面子，张之洞将废约改为赎路，抱着"重在收回路权，不惜多费"的宗旨，以 675 万美元巨资于 1905 年 8 月将粤汉路路权收回。但此举使中国损失了太多的赎路费，三省人民路未修而先背巨债，粤汉路的修筑也变得遥遥无期，有违筑路富国裕民的初衷，张之洞因此遭人弹劾也并非无因。

盛宣怀坚持谈判要相机因应，试图通过各种途径，借助各方面的力量迫使美国回到条约上来，由美政府保证收回比股，不准比、法干涉路权，按期筑成，"否则必定废约"，这也不是没有道理的。

总之，粤汉路借美款本来是经张之洞同意的，但当他看到三省群起反对中美粤汉路约而清廷又支持收回路权自筑铁路时，便坚定地站在了废约者一方，要盛宣怀"系铃解铃"同美交涉废约。而盛宣怀坚持认为中外交涉要依照条约，可借助三省人民的力量迫使合兴公司按时筑成粤汉铁路，不能轻言废约。他意识到以当时中国国力"废约必吃亏"，但

① 参见宓汝成：《中国近代铁路史资料：1863—1911》，中华书局 1984 年版，第 773 页。
② 参见夏东元：《盛宣怀传》，四川人民出版社 1988 年版，第 524 页。
③ 参见张秉铎：《张之洞评传》，中华书局 1972 年版，第 145 页。

若不去同美交涉，马上就会成为众矢之的；若交涉结果不理想或无结果，仍会遭国人谴责；若同美国达成赔偿巨款收回路权的协定，也会遭国人反对；若要既不失利权又顺利收回路权，显然很难办到。这样，张之洞态度的变化使盛宣怀进退维谷，因而，盛宣怀对张之洞心生怨恨也在情理之中。这也体现了张之洞的"趋时""附权"和盛宣怀以经济利益为重的思想，在中美粤汉路废约中观点、行动的相背，成为二人关系恶化的思想根源。①

七、盛宣怀与四国银行团的借款

1911 年春，清政府成立"责任内阁"，5 月 9 日，宣布铁路干线"实行国有"的政策，派端方为接收川汉、粤汉铁路督办大臣。

5 月 20 日，盛宣怀遵旨接办粤汉、川汉铁路，接议英、德、法、美各银行六百万英镑借款合同(年息 5 厘、借期 40 年，各银行可以清政府名义发行债券)，本日定议签订。②

关于铁路干线"国有"与向四国银行团"借款"的关系，盛宣怀在一份文件中是这样说的："查四国借款合同不能销(消)灭，所以提议铁路国有。如铁路不为国有，则借款合同万不能签字，其原动力实在于借款之关系。"③也就是说，川汉、粤汉"收归国有"，实际上是为了向外国借钱。

事情的源头，还要追溯到 1906 年，当时，清政府被迫批准粤汉铁路和川汉铁路集股商办，并各自成立了商办铁路公司，然而两路修建进展缓慢，而现在这两条铁路又无钱继续修建下去，只能再向外国借钱。

---

① 参见王亮停：《张之洞和盛宣怀在粤汉铁路及铁路借款上的恩怨》，《邯郸职业技术学院学报》2015 年第 1 期，第 34~38 页。
② 参见夏东元：《盛宣怀传》，四川人民出版社 1988 年版，第 535 页。
③ 参见《邮传部修正川汉、粤汉借款合同暨干路国有办法理由》，1911 年 10 月。

为了借钱，又重新要将它们收归国有，这自然要激起全国各阶层人民的反对，湖南、湖北、广东、四川四省大举展开了保路斗争。

1911年6月10日，广东粤汉铁路股东召开万人大会，提出"万众一心，保持商办之局"，并致电湖南、湖北、四川各省，谓"铁路国有，失信天下。粤路于十日议决，一致反对"，从而掀起了保路风潮，导致辛亥革命的爆发，盛宣怀成了首当其冲的打击对象。

其实，盛宣怀一向是铁路商办的主张者，如1898年他在《上庆亲王》一文中说："查铁路一事……盖一归商务，可由中国造路公司与外国借款公司订立合同，准驳之权仍归政府，可消除许多后患。……中国欲保自主之权，惟有将各国请造铁路先发总公司核议，自可执各国路章与彼理论，其有益于中国权利者，不妨借款议造；若专为有益于彼国占地势力而转碍于中国权利者，即可由总公司合商民之力拒之。惟中国官商多有暗中结连彼族希图渔利，反使大局受无穷之害，此时事之尤为可虑也。"

盛宣怀又说："中国幅员广袤，边疆辽远，必有纵横四境诸大干路，方足以利行政而握中枢。从前规划未善，致路政错乱……不分支干，不量民力，一纸呈请，辄准商办。乃数载以来，粤则收股及半，造路无多；川则倒账甚巨，参追无着；湘、鄂则开局多年，徒供坐耗。循是不已，恐旷日弥久，民累愈深，上下交受其害。应请定干路均归国有，支路任民自为，应即由国家收回，亟图修筑，悉废以前批准之案，川、湘两省租股并停罢之。"

但是面对"钱"的问题，盛宣怀不得不提出粤汉铁路和川汉铁路收归国有的主意。当各地起来反对时，盛宣怀又与清政府商议："请收回粤、川、湘、鄂四省公司股票，由部特出国家铁路股票换给，粤路发六成，湘、鄂路照本发还，川路宜昌实用工料之款四百余万，给国家保利股票。其现存七百余万两，或仍入股，或兴实业，悉听其便。"①

---

① 参见《清史稿》，第12811~12812页。

盛宣怀想借铁路国有之机，向外国借款，从而加快铁路建设的步伐，以达到改善国计民生的目的。但是，他错误地判断了当时国家的政治形势，错误地想象民众对政府的政策朝令夕改所能忍受的程度，他也过高地估计了自己的能力，最终，他只能自食其果。他在京汉线全线完工后，说过："设当日不废美约，则粤汉、京汉早已一气衔接，南北贯通，按照原奏先拼力偿比款，继偿美，最后偿英，不逾三十年，京汉、粤汉、沪宁三路，皆徒手而归国有，然后以所赢展拓支路，便利矿运，讵不甚伟。"①

无疑，在清末朝廷官员中，盛宣怀不愧为一位金融谈判的高手，在与外国代表的谈判中，他从国家利权出发，对经济利益往往比较注重；然而，殊不知与外国金融的较量，不仅仅是经济的利权，更多地会牵涉到政治、政权的平稳，尤其是处于清王朝摇摇欲坠的那个年代。

盛宣怀对清廷蛇鼠两端的铁路政策极其不满，他力图改变它，然而事情的发展并非如他的预计，他深陷政治的漩涡，最终清廷将他作为替罪羊予以革职，结束了他的政治生涯，他也只能承受由此所带来的一切。

---

① 参见中国史学会：《中国近代史资料丛刊：洋务运动》，第 8 册，上海人民出版社 1962 年版，第 76 页。

第九章　汉冶萍公司资金的筹措

一、为实现技术更新改造无奈向日方借款

盛宣怀在接办汉阳铁厂后，最先着手抓的是让铁厂高炉运转起来，以及寻找与开发最急需的煤矿。然而此时铁厂又出现一个大问题，即生产出来的钢轨质量不行，不解决这个问题，生产仍然无法正常进行，企业仍然要继续亏损。盛宣怀认为需要派人赴国外考察，找出钢材、钢轨质量不稳定的症结，并进行技术和设备更新改造，才能彻底解决这一问题。

但此时袁世凯已开始争夺招商局与电报局，盛宣怀无法再从二局中抽用资金，汉阳铁厂同样面临着有可能被袁世凯夺走的危险，唯一可走的路是，朝廷仍允许铁厂向洋商借债来解决资金问题。为此，盛宣怀不得不于1902年10月下旬，将刚启程赴日本、欧美考察的李维格一行，以铁厂两炉齐开和筹划借款为由，从半途召回，命李维格加紧与洋商交涉借款，以推进萍乡煤矿、汉阳铁厂的建设与更新改造的进度，阻止袁世凯试图夺走汉阳铁厂的行径。

紧接着，袁世凯在从盛宣怀手中夺走轮、电二局不久，即宣布以后铁厂借款，不得以轮、电二局财产作保，轮、电二局对铁厂的把注就此断绝。

1903年，由于钢轨质量过不了关，铁厂生产上不去，萍乡煤矿生

产的焦炭已显"供过于求"之状，为此萍矿总办张赞宸向盛宣怀抱怨："始患焦少，现患太多，若不赶添化炉，萍矿反受巨累。"而截至 1903 年底，铁厂存有卢汉铁路工程中剔剩下的钢轨，已达 1.9 万余条，合重 6000 余吨。在此状况下，不尽快筹措资金，解决铁厂的技术设备问题，铁厂将难以继续运营下去。

此时洋商的借贷条件变得更为苛刻，如德商礼和洋行提出，除非盛宣怀同意与其合办萍矿，或与其合办铁厂，否则不再贷款；而比商万顺公司则坚持非"厂矿两处，或招洋股，或售股票，华洋合办"，才肯贷款。面对此种贷款前景，李维格感到十分悲观，他在向盛宣怀报告礼和洋行拒绝贷款的消息之后，即提出辞去汉阳铁厂督办的职务，他的理由是"无钱不能办事"。①

而日方感到这是一次难得的机会，因此，开始积极行动起来，日方与盛宣怀反复就借款条件进行交涉。

中日双方借款条件的交涉，从 1902 年 12 月开始，到 1904 年 1 月 15 日正式签订《大冶购运矿石预借矿价正合同》，经历了一年多时间，最终，盛宣怀获得了 300 万日元(约合洋例银 226 万两)的资金挹注，此事前文已有介绍，详情此处不再赘述。

从总体上说，此次贷款谈判实现了双方的优势互补，对两家企业的发展都起到了积极的促进作用。②

1904 年 4 月，盛宣怀重新委派李维格一行赴日本、欧美等国考察，当年 11 月 27 日李考察回国，铁厂随即启动了技术设备更新改造工程，除改建原有的 2 座 100 吨炼铁高炉外，又新添 250 吨高炉 1 座。同时，拆除原先的小型转炉、平炉，改建适用于高磷生铁的碱性马丁炼钢炉 6 座。此外，对轧钢、煤矿、铁矿、运输、货栈码头等配套生产环节，也

---

① 以上参见易惠莉：《易惠莉论招商局》，社会科学文献出版社 2012 年版，第 249~251 页。
② 以上参见李海涛、欧晓静：《清末明初汉冶萍公司与八幡制铁所的利益博弈》，第一届汉冶萍国际学术研讨会论文集，第 352~364 页。

同步进行扩张，更新改造工程一直推进至 1911 年，其间资金需求的数额越来越大。

二、以灵活手段获得日方两笔民间贷款

1904 年 1 月 15 日，汉阳铁厂与日方正式签订《大冶购运矿石预借矿价正合同》，汉阳铁厂得到了 300 万日元的资金挹注，而日本制铁所在未来 30 年中，每年可获得 7 万~12 万吨大冶铁矿石。

这样，日本制铁所确立了规模扩张的发展战略，即从 1906 年开始进行为期 5 年的规模扩张。至 1911 年，制铁所将拥有 160 吨炼铁高炉 2 座，180 吨高炉 1 座，25 吨平炉 11 座，15 吨转炉 2 座，钢产能将由 9 万吨扩增至 18 万吨，生产规模的扩大，对铁矿石的需求进一步增加，日本政府很清楚仅凭 1904 年的合同，不足以满足自身发展的需求，如何进一步掌控大冶铁矿，成为日方极为关注的问题。而汉阳铁厂在技术设备更新改造上所需的资金，仍然没有得到基本的满足。于是从 1905 年开始，双方又进行了新一轮的谈判。是年 5 月，日本驻汉口领事向外务省密报，得知汉阳铁厂仍急需大笔资金，认为这是日本向汉阳铁厂和萍乡煤矿进行资本渗透的绝佳时机，如果日本不出手，有可能被德国抢先，建议日本政府主动向汉阳铁厂提供巨额贷款。日本内阁十分重视这一报告，外务省研究后指示驻汉口领事：对此次贷款金额要大，可减低利息，但须延长大冶铁矿采掘权之年限；以铁厂及萍乡煤矿作为抵押，且须聘用日本人为技师，负责业务等。日本政府并指示大仓组（后改为兴业银行）、三井洋行负责筹资承贷，贷款总额在 500 万日元之内。

面对日方主动贷款的提议，中方拙于急需经费，给予了积极的回应，但也提出谈判的前提条件，即须将钢铁销售与借款联系在一起，以销售款偿还本息；钢铁价格每两年协商一次。该条件得到日方许可。10 月，双方在上海会商借款事宜，当日方抛出贷款要以铁厂和萍矿产业作为抵押，并聘用两名日本顾问参与厂矿事务管理时，中方认为此系政治

借款，终止谈判。11 月，汉阳铁厂谈判代表在向德商借得二三十万两贷款后即返回汉阳。

中日谈判破裂，使一些洞悉汉阳铁厂内情的日本人士十分紧张，他们认为，谈判破裂"会使对方倾向于依靠德国商人"，"倘日本政府不采纳我们忠告，（汉阳铁厂）则有转移到德国人手中之危险，此与我国在长江之利权关系很大"。

与日本官方谈判破裂后，盛宣怀指示铁厂有关人员，争取从日方民间进行借贷，以缓解铁厂的资金压力。

1906 年 2 月 13 日，汉阳铁厂与日本三井洋行签订 100 万日元借款合同，期限 3 年，年息 7.5%，三井代销汉阳铁厂钢铁产品，以货款偿还本息，借款以汉阳铁厂存货作押。

1907 年 5 月 1 日，萍乡煤矿与日本大仓组签订 200 万日元借款合同，期限 7 年，年息 7.5%，以萍乡煤矿所有生利之财作押。

对于这两笔民间贷款的谈判，日本内阁未过多介入，日本之前要求延长大冶铁矿采掘年限、派驻顾问，以及以铁厂和萍矿产业作抵押等目标均未实现。

此次交锋中，盛宣怀充分利用资本市场上，德国资本对日本构成的潜在威胁，成功地从日本民间获得了 300 万日元资金，部分缓解了汉阳铁厂技术设备更新改造工程中的资金紧张问题。同时，贷款方未获得铁厂和萍矿产业抵押担保，维护了自身产权的安全，应该说，此轮博弈汉阳铁厂赢得了胜利。[1]

1904 年 1 月 15 日，所借的 300 万日元，加上上述的两笔民间贷款，以及 1903 年 12 月 14 日，汉阳铁厂向日本大仓组借小笔贷款 20 万两，1907 年 12 月 13 日，汉阳铁厂又向汉口日本正金银行借小笔贷款 30 万日元。这样，汉阳铁厂自 1903 年底至 1907 年底，总共向日方借了五笔

① 以上参见李海涛、欧晓静：《清末明初汉冶萍公司与八幡制铁所的利益博弈》，第一届汉冶萍国际学术研讨会论文集，第 352~364 页。

贷款，总计近 700 万日元。

正是因为有了这些资金，汉阳铁厂才使得李维格出国考察回来后的建议，得到完全的落实，才真正闯过了钢材的质量关，才使得萍乡煤矿的工程建设得以推进，这也为"汉冶萍煤铁厂矿有限公司"正式成立创造了条件。

三、汉冶萍公司成立前夕的资金结构

汉阳铁厂的运营状况尽管有所改观，但内有官款、外有洋债的负累，决定了它远未走出亏损的阴影，欲进一步改扩建，又难筹集资金，在此情况下，盛宣怀从政局变动的挑战中，窥测到突破困境的途径。

1906 年清廷宣布预备立宪，并在当年以"厘定官制"对中央政府实行了局部调整，其中包括新设统管铁路、邮政、轮船等洋务企业的邮传部，此项政制改革涉及当时处在官督商办体制下的招商局、电报局、汉阳铁厂等企业隶属关系的变动，牵动了官场权力的再分配。

当时已经控制招商局、电报局的袁世凯北洋集团，为维持现状有意拖延改制，汉阳铁厂当时虽尚未遭遇因政制变革引发的隶属关系变更的冲击，但是，这种变动令盛宣怀的汉阳铁厂督办的地位日趋脆弱。面对挑战盛宣怀顺势而上，主动推进汉阳铁厂的改制，思考并推动将汉阳铁厂、大冶铁矿、萍乡煤矿合并成为一个完全商办的企业——"汉冶萍煤铁厂矿有限公司"。

从 1905 年 5 月有此动议至 1908 年 11 月 7 日"汉冶萍煤铁厂矿有限公司"的最终成立，这段时期其资金结构情况为：1905 年后三大厂矿引进技术，进行改扩建，主体工程包括改造原有 2 座 100 吨炼铁高炉，新建 2 座 30 吨马丁碱性平炉，以及添置提高轧钢能力的设备。据李维格估算，工程需筹集资金 500 万两。面对这一资金需求，铁厂、煤矿并未追加股本，而是将此前尚未招满的股金补足。然而，此资金终究只是杯水车薪，更糟糕的是，此时招商局、电报局均被袁世凯把

汉冶萍公司

持，汉阳铁厂的融资环境进一步恶化，在此背景下，盛宣怀不得不倚重金融借款。

外债方面，日本银行成为主要资金来源。比较重要的有两笔：1906年2月，铁厂向三井洋行借100万日元，4年内还清；1907年5月，萍矿向大仓组借200万日元，7年内还清。两项合计，约合洋例银207万两。

内债方面，据1908年3月盛宣怀奏称：截至1907年秋，"铁厂已用商本银一千二十余（1020）万两，煤矿轮驳已用商本银七百四十（740）余万两"，合计1760余万两，其中，商股350万两，股息入股79.5万两，公债票银50万两，预支矿价、铁价、轨价合300余万两。其余外债、商欠将近1000万两。综合分析，表明1908年前铁厂、煤矿的内债约为800万两。

由此可知，至1907年秋，铁厂、煤矿资金来源由三项构成：汉阳铁厂原先产业价值约278.8万两、铁厂商本银1020万两、煤矿轮驳商本银 740 余万两，合计为 2038.8 万两。其资金结构具有以下特点：第一，权益资金在资金来源中所占的比例较小，共计 708.3 万两（包括商股 350 万两、股息入股 79.5 万两和旧产业价值约 278.8 万两），占全部资金的 34.7%。第二，债务资金约为 1330.5 万两，厂矿负债率为 65.3%。虽然这个数据与两年前变化不大，但是，债务资金结构开始向不利的方面发展。首先内债不是从盛宣怀掌控的企业筹措，多为金融资本，须定期支付高额利息，其次外债也不再主要依靠铁矿石偿还，且都要求在短期内偿还本息。与两年前相比，债务违约风险明显加大。第三，日债在资金来源中已占有相当比重，但尚不具有压倒性优势。至 1907 年底，日债总额约为 500 万两，占资金来源总数的 24.5%，其中相当一部分是以铁矿石偿还本息的，故由日债引发的债务风险相对较小。①

盛宣怀作为一个理财高手，他清醒地意识到，要维持汉冶萍的正常运行，必须千方百计地增加汉冶萍公司的权益资金，增加权益资金在资金结构中的比重，尽量减少债务的违约风险，而要真正做到这一点，企业必须走扩大生产规模之路。1908 年 11 月 7 日，清政府正式批准"汉冶萍煤铁厂矿有限公司"成立，确定公司设在上海，由盛宣怀任总理，李维格任汉冶萍公司经理兼汉阳铁厂坐办，此举为企业进一步扩大生产规模创造了条件。

四、汉冶萍公司第三次股票的发行

汉冶萍公司第三次发行股票是在 1908 年汉阳铁厂、大冶铁矿、萍乡煤矿正式合并组建为"汉冶萍煤铁厂矿有限公司"之后，于 1909 年公开向老商、新商"推广加股"。

---

① 以上参见李海涛：《清末明初汉冶萍公司资金结构变迁研究》，第二届汉冶萍国际学术研讨会论文集，第 229~242 页。

这是汉冶萍公司历史上组织实施最为严密的一次股票发行。此次发行采取自办发行与代理发行相结合的方式，公司专门拟定了发行股票的详细章程，对招股宗旨、股本结构、股东权益、公司内部管理等问题均做出了明确的规定。这次股票发行包括三方面的内容：第一，改革老股。即将铁厂、萍矿招集的总计 2 万股合银 200 万两创始老股，统并改为银元股，每股 50 元，共折成 6 万股合银元 300 万元。这是公司的"最先创始股本"，被定为"龙头优先股"。第二，推广加股。即加收推广股本 14 万股，合银元 700 万元，此为公司的"推广加股"，此股先尽老商承认，被定为"二等优先股"。第三，续招新股。即新招 20 万股，合银元 1000 万元，定为"普通股"。

这次股票发行由汉冶萍汉口总公司和上海总公司以及公司在各省、各埠委托的代理人共同经办发行事宜。具体办法是："凡向汉口总公司、上海总公司附股者，一经缴银，即可填给股票息单。各省、各埠公司先印有收据，分托妥人经理……当付收据随时知照汉口总公司填股票息单寄经理处次第换给。"①为保证股票顺利发行，公司还加强了对社会公众的宣传力度，使未来股东对自己的投资对象加深了解。总理盛宣怀还起草了《公司推广加股详细章程征求意见书》，向老股东广泛征求意见，确定了"先行查账，再行招股"的原则；公司经理李维格组织编印了图文并茂的《汉冶萍煤铁厂矿有限公司图说》，形象地向社会公众展示了汉冶萍公司已有的生产规模。李维格于 1908 年 10 月 25 日，在汉口商会上发表了热情洋溢的招股演说，历陈汉冶萍创办的艰难历程，畅谈汉冶萍公司的美好前景，倡议"请君助力，翻东半球茸之旧局，作西半球灿烂之伟观，群策群力，齐向煤钢世界展动地惊天之事业"。②

第三次股票发行实际上包括老股折换和新股招收两项内容，是一次具有股改性质的资本扩张。

---

① 参见《商办汉冶萍煤铁厂矿有限公司推股详细章程》，《汉冶萍公司档案史料选》上册，第 237 页。
② 盛承懋：《盛宣怀与湖北》，武汉大学出版社 2017 年版，第 119 页。

汉冶萍公司的股票发行，在发行程序、票面形制、交易管理上，都经历了一个不断规范的过程，从一个侧面反映了公司管理体制的不断完善。

汉冶萍公司的股票的法律地位，在当时的历史条件下得到了比较充分的体现：首先，每次发行都履行了先报请官方批复备案，再明文昭告公众的手续。公司在确定招集商股之后，即制定招股章程，对招股数量、股东权益进行了规定，并先行"禀请大部奏明"，而后再"广为布告"。在实际招股过程中，为进一步招徕商户对招股章程调整的了解，也同样履行了合法的审批程序。其次，汉冶萍公司发行的股票都制定了招股章程、印股、股票、股票存根、息折等关联凭证。股票的发行过程程序化、管理过程规范化，从而有效地维护了公司股票的法律地位，使之具有很高的信誉度。

汉冶萍公司的股票，作为具有一定票面金额、代表资本所有权的证明书，具有有价证券的基本证券功能。首先，股票持有人根据股票份额可以享有相应的权益。随着时间的进展，股东领取股息、发议权、选举权、被选举等权益逐步得以完善和实现。其次，公司股票持有人可以自由转让、抵押所持股票，公司的相关规定和手续逐渐规范。①

汉冶萍公司三次股票的发行，反映了中国股票市场由初创到逐步成型的过程。其中，第三次股票的成功发行，依赖于汉冶萍公司的正式成立，反过来汉冶萍也从证券市场上获得了一笔可观的资金，用于企业的技术更新改造，局部解决了汉冶萍的资金困难局面。

汉冶萍公司成立后，招募了一批商股，解决了部分资金短缺问题，同时经过扩建和技术改造，厂矿生产日趋正常，规模逐年扩大，产品质量也有很大提高，销售实现大幅增长。到 1911 年，汉阳铁厂已建成 3 座高炉，其中 3 号高炉（477 立方米），日产生铁为 250 吨；6 座容积 30

---

① 以上参见李江：《汉冶萍公司股票研究》，第二届汉冶萍国际学术研讨会论文集，第 222~228 页。

吨的平炉，年产钢达 38640 吨。萍乡煤矿年产煤达 1115614 吨，大冶铁矿年产铁矿石达 359467 吨。1908 年至 1911 年汉阳铁厂产品行销澳大利亚、中国香港及南洋诸岛，美国西方钢铁公司也派代表来汉订购。国内的浙江、江苏、福建、广九、南浔、京汉等六大铁路所需的钢轨和零件 32105 吨，粤汉铁路 8000 吨，津浦铁路 18404 吨，都在铁厂订货，总共订货达 58509 吨。上海、武汉等地的各翻砂（铸造）厂，也依赖汉阳铁厂的生铁维持生产。1908 年至 1910 年汉冶萍公司连续三年盈利，初步改变了长期亏损的局面。①

五、与美商谈判贷款，以制衡日本控制

1907 年底，日本横滨正金银行作为一个新的角色，代表日方参加到日本制铁所与汉冶萍公司资金借贷的谈判之中。

正金银行成立于 1879 年，早年为办理外汇、债券业务的外贸银行。20 世纪初，该行逐渐成为执行政治任务的金融机构。1907 年，该行总经理高桥是清称，正金银行是"担当国家特别金融任务的机关，其宗旨和目的与一般营利公司迥然不同"，"我们要根据情况，即或牺牲自己的利益，也要为国家利益尽职尽责"。自 1907 年底开始，正金银行贯彻日本政府的意志，通过不断追加贷款，成功抵制了他国资本对汉冶萍公司的渗透，使汉冶萍对日债的依赖日渐加深。

汉冶萍最早与正金银行发生借贷关系的，是 1907 年 12 月 13 日签订的一笔小额贷款，金额为 30 万日元，以铁矿石价款偿还。1908 年 6 月 13 日与 11 月 11 日，正金银行又分两次贷给汉冶萍公司共计 200 万日元，此两次贷款虽以汉冶萍所有产业和九江大城门铁矿山一同担保，但约定 2 年后归还，加之数额不大，故汉冶萍借此款项，不足以受到日

① 参见许华利：《汉冶萍公司百年记忆》，《湖北文史》2009 年第 1 期，第 151 页。

方的控制。

就在日本方面不断向汉冶萍提供贷款，期望通过债务资金积累，借以掌控汉冶萍之时。汉冶萍避开日本的严密监视，经过一年的秘密协商，于 1910 年 3 月，与美国西雅图西方炼钢公司、美商大来洋行签订了《订购汉冶萍生铁及矿石合同》，以 15 年为期，约定汉冶萍每年出售生铁、铁矿石各计 3.6 万、10 万吨，由大来洋行负责运送。该合同若履行，将给汉冶萍带来一次难得的发展机遇。除了获利丰厚，更重要的是，它将改变汉冶萍在资金、市场方面对日本的过度依赖，形成美日之间相互制衡的局面。具体负责与美商谈判的李维格，对合同的签订十分满意，视为"生平得意之作也"，认为"敝厂有此大宗生意，可放手大做矣"。

由于汉冶萍公司的保密工作极为细致，日方直到合同签订后的第三天才从《朝日新闻》中获悉此事。震怒之余，日本各方开始反思其对汉冶萍的政策。制铁所驻大冶技师西泽公雄认为，美国购买大冶矿石，不仅出于战略上在长江流域掌控利权，而且是为其国内资源状况所迫，不得不插手东亚事务。盛宣怀等在生铁销售合同中加入了矿石一项，是日本近年来热衷于开发朝鲜铁矿、大冶输日矿石减少所致。对于此次由于日方的轻率造成的严重后果，西泽公雄并分析道："（盛宣怀）合并汉阳、大冶和萍乡成为二千万元之公司组织，内部坚决实行大改革，表面上早就吹嘘合并有利，实际上则尚有很大亏损。据下官暗中探听之消息，今年上半年对股东之利息分配，即已陷入困境。据下官揣测，其所以绞尽脑汁向美国人出售生铁和矿石，主要原因就在于此。盛宣怀之苦衷，实有值得同情之处。"①因此，他提请日本当局，对汉冶萍应采取积极进取的方针。

与美商签订合同后不久，1910 年 5 月，汉冶萍公司第三号 250 吨

---

① 参见《日驻大冶技师西泽公雄致制铁所长官中村函》，《史料选辑》1910 年 4 月 17 日，第 163 页。

高炉投产，生铁产能大幅增加。就在内外形势对汉冶萍极为有利之时，7月，上海发生橡胶股票风潮，重创中国金融行业，汉冶萍的资金链面临崩断之险。汉冶萍董事会秘书杨学沂向盛宣怀报告："弟素持不可多借日款之议，事到棘手，只能冒险，恳兄再向正金续借日金七八十万元。"与此同时，美国西雅图西方炼钢公司因经济原因，无法履行合同，导致汉冶萍的产品销售，特别是生铁销售问题顿时严峻起来。来自资金和市场的双重压力，迫使汉冶萍不得不再次求助于正金银行，这为日本强化在汉冶萍的势力，提供了良好的机会。

为协助汉冶萍公司解决燃眉之急，保障日本制铁所的原料供应，正金银行在1910年底，向汉冶萍提供了多个批次的短期贷款：9月10日、11月17日，正金银行各向汉冶萍提供100万日元贷款。其中，前一次贷款参照1908年200万日元的借款条件；后一次借期1年，是以盛宣怀及其他股东所持有的公司股票票面计150万银元作担保。12月28日，三井洋行向汉冶萍贷款100万日元，借期1年，以集成纱厂契据作担保。

日本制铁所的战略也有所调整，决定将汉冶萍的生铁销售纳入其钢铁生产体系之中。1911年，制铁所执行第二期扩张计划，将钢产能由18万吨扩增至35万吨，为此，急需增加生铁原料供应。1910年11月7日，制铁所长官中村雄次郎亲赴北京与盛宣怀签订《售购生铁草合同》，约定自1911年起，汉冶萍向制铁所每年出售1.5万吨生铁，此后逐年增加，到1916年达到年10万吨的标准，至1926年期满。该合同的正式文本于1911年3月31日签订。为实现每年供应生铁10万吨的标准，汉冶萍公司势必要扩张炼铁的产能。4月19日，制铁所、正金银行与汉冶萍签订《预借生铁价值合同》，由正金银行借给汉冶萍公司600万日元，用以扩建炼铁高炉，此项借款因服务于制铁所的扩张计划，故日方并未提出抵押担保的要求。① 从 1908 年到 1915 年，日本制铁所每年从大冶铁矿运走铁砂 6 万~7 万吨。

在汉冶萍公司的发展过程中，盛宣怀逐步意识到，面对日本的渗透，中方必须通过多边贸易才能摆脱日方的控制，于是积极与美商建立商贸关系，试图与日本相互制衡。经过公司的努力，本已奏效，无奈因美商爽约，无果而终，加上国内金融风潮的影响，汉冶萍的经营形势急转直下，不得不重新寻求日本的援助。如果西雅图西方炼钢公司不是因其自身的原因而爽约，汉冶萍的形势就可能另有一番天地了。美国西雅图西方炼钢公司爽约，给汉冶萍公司带来的风险是极大的，在当时的国际背景下，盛宣怀还无法追索美方的赔偿。

110 多年前中、美、日之间的这场金融、贸易的交锋，虽然没有按照盛宣怀的设想和意愿而定局，但是盛宣怀为之所作的努力是不可抹杀的，即使在今天也还给我们带来了很多启迪与思考。

六、未曾兑现的 1200 万日元的大贷款

1910 年 8 月、1911 年 1 月，盛宣怀先后被任命为邮传部右侍郎、邮传部尚书。他在北京任职期间，两次与来华访问的美国人休瓦布会晤，受休瓦布的启发，他进一步坚定了此前关于汉冶萍发展前途的看法，即汉冶萍扭亏为盈的途径必须走扩大生产规模之路。与此同时，他认识到必须进一步扭转汉冶萍以资源性产品，即铁矿石、煤焦出口为主的不利局面，转变为以初级制品即生铁为主的出口，同时要进一步拓宽国内市场。

由于铁路改归邮传部主管，在其任内，盛宣怀实施铁路干线国有化政策，中国大规模铁路建设全面启动。1911 年 5 月 20 日，盛宣怀与英

---

① 参见李海涛、欧晓静：《清末明初汉冶萍公司与八幡制铁所的利益博弈》，第一届汉冶萍国际学术研讨会论文集，第 352~364 页。

德法美四国银行团重签粤汉、川汉铁路借款合同，合同明确钢轨及其附件等"应由汉阳铁厂自行制造供用"，这不仅为汉冶萍提供了市场，还将给汉冶萍公司带来大量资金。

另外，盛宣怀拟以萍乡煤矿为抵押，从四国借款 200 万英镑（约合银 2000 万两），连同 1911 年 4 月正金银行的 600 万日元的借款，用以偿还汉冶萍的旧债，并着手扩大公司的规模。

日本方面对此十分忧虑，在日方看来，如果汉冶萍同四国达成贷款协议，虽是以萍乡煤矿作抵押，但债务则为汉冶萍公司的债务，那么，汉冶萍与四国之间就建立了关系，"而且从债务金额来说，亦不能说日本比其他外国大得多"。

为阻止汉冶萍与其他国家建立起联系，正金银行总经理高桥是清一方面以此前盛宣怀在签订 600 万日元《预借生铁价值合同》时，曾向制铁所长官许诺：如筹措事业扩张经费，当先与日本商谈为由，敦促盛宣怀重新考虑向四国募债的做法；另一方面又表示，只要以汉冶萍全部产业和铜官山矿为担保，日本有意承担 200 万英镑贷款。至此，日本要求攫取汉冶萍全部产业抵押权的野心进一步暴露。

与日本国内政界、金融界高层的贪婪胃口不同，正金银行驻华办事处高层与日本驻华领事馆长官，对盛宣怀当时所面临的政治压力有比较清醒的认识，他们认为若要求以汉冶萍全部产业作抵押借款，会危及盛宣怀的政治地位，鉴于日本长期需要铁矿石、生铁原材料，建议放弃萍乡煤矿。正金银行总行经再三研究，决定做出退让，谋求以"汉阳、大冶现在与将来之公司全部财产作担保"，以此为基础与盛宣怀展开借款谈判。

谈判正进行时，消息泄露，舆论哗然。与此同时，邮传部与正金银行 1000 万日元的借款也被披露。清廷陆军部攻击盛宣怀假公济私。在此背景下，盛宣怀提议暂时中止汉冶萍借款。

因此变故，负责谈判事宜的小田切于 4 月 21 日提请正金银行总行再次更改方案，放弃盛宣怀最忌讳的厂矿抵押担保问题，而以"制铁所生铁矿石价款作抵偿，进行 1200 万元以下借款之秘密谈判"，并要求取得铁厂、冶矿的优先担保权。4 月 25 日，高桥是清在同外务省、制铁所、大藏省等会商后电告小田切，指出："日本之所以重视此次借款，其目的旨在汉阳、大冶取得优先权，如实际不能确保汉阳、大冶之担保，而于此时进行巨额借款则殊无意义"，命令小田切等停止协商。

不过，日本外交系统却持不同意见，日驻华公使伊集院致函外务省，支持小田切的意见。他认为，汉冶萍在迫不得已时会采取向他国借款的做法，而且一旦因盛宣怀的健康状况及中国情势导致其死去或者垮台，情况将变得更加复杂，为此，他希望外务省说服正金银行总行同意 1200 万日元借款。

4 月 26 日，日本外务省、大藏省、制铁所和正金银行会商后决定，同意 1200 万日元贷款，同时放弃以铁厂、大冶铁矿作为担保的条件。5 月 1 日，盛宣怀与正金银行董事小田切签订了 1200 万日元借款的《预借生铁价值续合同》，合同注明："此借款并无抵押"，但汉冶萍亦不将产业抵押他国以借款。[1]

此次借款合同的签订，首先，汉冶萍从日本获得巨额借款，年利率仅 6%，且未使日方达到以公司全部产业作为抵押的企图；其次，借款偿还方式十分自由，如生铁价值不够还本付息，可以焦炭抵付。更有利的是，汉冶萍融资的主动权未被束缚。因借款合同对汉冶萍公司十分有利，所以合同签订后，高桥是清就怀疑盛宣怀在整个过程中利用了日本"热切希望贷款"的心理而欲擒故纵，迫使日本一再降低条件。

此次借款合同规定：正金银行从 1911 年 8 月开始向汉冶萍公司分期交付借款，但是由于种种原因，借款一直未予支付。

---

[1] 参见李海涛、欧晓静：《清末明初汉冶萍公司与八幡制铁所的利益博弈》，第一届汉冶萍国际学术研讨会论文集，第 352~364 页。

七、客观看待汉冶萍向日本的借款

盛宣怀接办汉阳铁厂，继而发展为汉冶萍公司，他对钢铁产业需要投入巨额资金的认识，随着生产规模的扩大变得越来越深刻。最初为了筹集资金，他先后两次发行股票，尽管当时外部环境不好，民间资本不看好铁厂，但是因为他掌控着轮、电二局，可以方便地调用它们的资金，或以它们作为担保，借得到资金。

1903 年袁世凯从他手中夺走轮、电二局，使轮、电二局对铁厂的把注断绝。为了更新改造技术设备，将铁厂办下去，盛宣怀不得已只能以铁厂本身的财产作保，开始频频向外国举债。与此同时，盛宣怀把自己拥有的轮、电二局的巨额股票，卖得只剩下九百股，而将所卖得的资金，全部买下了汉冶萍的股票，以扩充汉冶萍的资金。

与西方国家比较，当时，向日本借款相对容易，为了维持公司的正常发展，扩大公司的生产规模，在招商集资无着、经费难以解决的情况下，他多次向日本举债。然而，盛宣怀的上述举措，受到了社会、官场，甚至清廷的严厉谴责。最使人们诟病的是，日本的势力逐渐渗透进入汉冶萍，使汉冶萍在一定程度上受到日本势力的左右。

盛宣怀之所以向日本大量举债，一是当时以英法德美为代表的西方列强，通过各种手段拼命地掠夺中国的财富，如英商大东公司强行贱卖开平煤矿就是典型的实例，它们在中国划分势力范围，企图通过贷款等方式，达到控制中国厂矿、铁路等的主权。盛宣怀在与德商礼和洋行、比商万顺公司交涉借款条件中，在向四国银行团为铁路干线筹借资金时，这些国家的代表，都向中方附设了很多苛刻的条件，为了制衡西方列强对中国的约束，盛宣怀不得不另辟蹊径，转而更多地向日本借款。

二是他轻信了日本，幻想中日合作可以共同抵御欧美势力的侵入。1908 年 9 月，盛宣怀在赴日就医期间，曾去日本制铁所考察，当时他与制铁所所长中村雄次郎交谈时说："东亚惟汉厂与制铁所并峙，近来名誉远播，欧美至为震惧，煤铁报章至论之为黄祸西渐，极力筹抵御之策，美、德各厂已经联合，而国家又任保护。"①既有对外国势力打压的担心，又有急欲发展铁厂的愿望，所以他一再向日本借款。

三是盛宣怀有自己个人的考虑。正如与盛宣怀有多年交往的日本驻沪领事小田切所说，盛宣怀希望通过用举债的办法，从公司收回自己的资金。小田切在向正金银行总行的报告中说："该公司总理盛宣怀和协理李维格鉴于该公司历来在营业上负债不少，其主要债主为盛宣怀，盛氏几乎把自己全部财产充作制铁事业之资金，由于铁厂事业已逐步得到整顿，而盛氏亦已渐入老境，拟于此时，募集约三千万元的公司债，一方面用以偿还盛氏通融之款项；另一方面充事业扩张之资金。商议结果，拟一半从日本募集，一半从他国募集。……盛宣怀因已将其全部私产投入汉冶萍公司，当然会感到极大苦痛。所以他很想由那里举一笔债收回其资金，以预防在万一时发生汉冶萍公司与自己资产之间的纠纷，这是合理的想法。……因此，他才按预定计划以萍乡煤矿作担保……此种场合，对我国来说正是可乘之机。"②在清廷摇摇欲坠的政局下，盛宣怀对自己督办汉冶萍的地位，始终感到如履薄冰，他感觉不知什么时候，汉冶萍就有可能像轮、电二局那样，被清廷接管。因此，他不放心自己的资产投入到汉冶萍中打了水漂，千方百计地要从中取出。

盛宣怀、李维格等从维持公司运转、扩大生产规模以图他日获利的立场出发，认为只要注意借款策略，举借外债是公司经营的"激进之策"。李维格1905年就说过"官款难筹，商本难集，舍此实无他策"。盛宣怀也认为尽管借债"固犯清议之忌，然试问中华今日上下财力，舍此恐必束手，吾不敢谓借款为上策，但胜于无策，但看如何借法"。在资金严重匮乏以至于生产无以为继而国内官款商本都无从筹集的背景下，在公司要么停产倒闭、前期投入和努力全部付诸东流，要么举借外

① 参见盛档，盛宣怀《东游日记》，第17页。
② 参见夏东元：《盛宣怀传》，四川人民出版社1988年版，第413页。

债或有振兴之可能的现实情形中，企业管理者的这种认识是可理解的。如果能真正做到"权自我操"，举借外债也是可以避免利权丧失的。不可否认，汉冶萍公司发展中所需的资金大多来自附有苛刻条件的日本借款，但在当时的中国，一方面政局动荡，政府财政极为困窘，无力支持汉冶萍公司，另一方面工商业和金融信用业极为薄弱，汉冶萍公司是一家规模庞大、耗资甚巨的钢煤铁联合企业，不得不通过借款与外国公司争取发展机会。

早在 1913 年就有人撰写了一篇《汉冶萍公司历史平论》，评价过盛宣怀借债发展公司的业绩："就借债论：萍乡先借礼和马克，后还礼和，续借大仓一款，非此不能成萍乡；大冶先预支矿石价，非此不能成汉厂。嗣后九江矿借正金一款，又预支正金生铁价一款，非此不能续成汉、萍两处之扩张。"从大冶新厂的建设来看，当时的汉冶萍公司仍希望能够走上独立自强的钢铁工业之路，而不是单纯寄希望于出售矿石。①

至辛亥革命前，汉冶萍公司已达到相当的规模，公司有员工 7000 多人，炼铁炉 3 座，炼钢炉 6 座，建立了完整的生产配套设施，年产铁矿 50 万吨，煤 60 万吨，生铁约 8 万吨，钢近 7 万吨，占清政府全年钢产量的 90% 以上。其中钢材约 4 万吨，钢轨 2 万余吨，并朝着进一步发展的目标前行。

---

① 参见雷儒金、尚平：《浅谈汉冶萍公司的民族性及其成败的现代启示》，第二届汉冶萍国际学术研讨会论文集，第 509~518 页。

第十章　会办商务及吸引侨商的投资

一、盛宣怀关于税厘并征的主张

1896 年 11 月 1 日，盛宣怀在给朝廷的《条陈自强大计折》中，对练兵、理财、育才三大政展开了论述。

盛宣怀认为："理财有二义，开源节流尽之矣。"他说："欲求足国，先无病民；欲收商利，在挽外溢。"为此，必须免厘加税，即"径免天下中途厘金，加关税值百抽十"。1899 年 10 月，盛宣怀向朝廷奏递练兵、筹饷、商务三十条，并提出加税计划，简言之，不过四端：一税则值百抽五，进口货照时价估计；一免税货照则抽收；一进口货仿洋药税厘并征，如照估值百抽十五，厘金尽免；一土货不加税，茶须减税。如是则岁可赢千余万，中饱一扫而空。①

1899 年 11 月 22 日，盛宣怀给总理衙门函，提出："中国矿产至富，大利未收，烟煤焦炭用途最广，而东南各省多待济于日本，致使汉阳铁厂、轮船、纺织各厂，局成本加重。各国讲求商务，总以出口之货抵入口之货为第一义。故宜大力自办煤矿，用先进技术开采。"12 月，入京，面奉懿旨：暂时留京，备随时商询要政。1900 年 3 月，盛宣怀仍留京会议洋货税则，并酌拟税厘并征事宜。4 月，他前往上海，与曾

---

① 参见盛同颐等：《杏荪公行述》，《龙溪盛氏宗谱·附录五》，2011 年修订。

国藩女婿聂仲芳先后出都考察。①

1900 年 8 月 14 日，八国联军攻陷北京。慈禧太后、光绪帝和一部分王公贵族仓皇出逃。盛宣怀首倡互保之议，密电各帅，既得同意，遂倡言于各领事曰："各国公使现在围城，各总领事应从权主持办事，各督抚已奉诏自保疆土。今与诸君约，长江及苏杭内地外国人生命财产由各督抚保护之，上海租界中外商民生命财产由各国公使保护之。此疆而界，两不相扰。"在此情况下，税厘并征之事只能搁置。

二、盛宣怀受命参与商约谈判

1901 年 1 月 5 日，盛宣怀受命担任商务大臣会办，他上奏皇上说："所冀上衷周制，下鉴列邦，广商学以植其材，联商会以通其气，定专律以维商市，兴农工以浚商源"，② 并表示要像日本明治维新那样，从"开商法会议所、设商法学校"等事下手，做到"内商生机日盛，遂能战胜外商，权利不失"。③

而盛宣怀任职之后，奉命立即参与对外的商约谈判，主要任务是赔款和商约二事，即负责关于四亿五千万两赔款的谈判，以及关于通商行船条约商改事宜和"有关通商各地事宜"。这必然涉及与通商、财政收入相连的税务。

9 月 7 日，清廷签订《辛丑条约》，这是清政府和英、美、法、德、俄、日、意、奥、西、荷、比十一国政府在义和团运动失败、八国联军攻入北京后签订的一个极不平等的条约。

10 月 1 日，盛宣怀又被授予办理商务税事大臣，任务是议办通商各条约，改定进口税制。清廷命一切事宜，就近会商刘坤一、张之洞，

---

① 参见夏东元：《盛宣怀传》，四川人民出版社 1988 年版，第 512~513 页。
② 参见盛档，《充会办商务大臣谢恩折》，光绪二十六年十一月。
③ 参见盛档，《请刊用木质关防片》，光绪二十六年十一月。

妥为定议；税务司戴乐尔、贺壁理，均着随同办理。①

《辛丑条约》签订后，要根据和约规定进行某些具体条约例如内河航运、商务等的谈判，商税大臣的职责范围还不足涵盖这些内容，而商税却可以包括在"商约"的范围之内，于是 12 月 11 日，清廷又任命盛宣怀为商约副大臣，位于商约大臣吕海寰之后。吕海寰尽管是首席代表，但具体策划和直接出面谈判的却是盛宣怀。

《辛丑条约》订约的十一国中，首先进行商约谈判的是英国，盛宣怀于 1902 年 1 月与英使马凯会谈。英方提出二十四款，经过磋磨，问题集中在加税免厘上，也就是所谓税厘并征。

其实关于税厘并征，盛宣怀在 1896 年《条陈自强大计折》中已有明确的主张。在与马凯谈判之前，1900 年春盛宣怀与英使曾谈判过税厘并征之事。那时"所议专指洋货加税值百抽十五，土货厘金照旧，不过准将厘金收条抵完关税"，即所谓既增洋税，又不废厘金，这对国家财政收入是很有利的，所以当时盛说："此最上策，惜乎中止。"

1902 年春，《辛丑条约》签订之后，朝廷派盛宣怀出面谈判，重谈税厘并征之事。此时谈判桌上的地位悬殊就很大了，根据条约所定，洋商贩运洋货土货皆以半税抵厘，中方就不可能再从加大征税入手。而清政府出于自身财力的考虑，设想加税至货值的百分之二十，才能抵免厘所失之数，这对英方来说是不可能接受的，按照盛宣怀计算，"即加至值百抽十五，仍恐不足抵免厘之数"，经过一个多月的谈判，英方仍要中方退让，最后的结果是双方都做出一些让步，以百分之十二点五"税厘并征"结束谈判。盛宣怀说："似此办理，匪独于我无损，实于我有益。"②至 1902 年 9 月 5 日，关于中英税厘并征的商约才正式画押。

继税厘并征谈判之后，双方又另立《续议内港行轮修改章程》十条，

---

① 参见夏东元：《盛宣怀传》，四川人民出版社 1988 年版，第 517 页。
② 参见盛档，盛、吕会衔《英约完竣会同画押电奏》，光绪二十八年八月初六日。

进一步扩大了英国使用中国内河的特权。盛宣怀说："英约内河轮船一条，勉力将所允要端改入章程。因条约永远难删，章程可随时更改。如时局日好，不难收回权利。"①这是在中方受屈辱的情况下，经过谈判，所取得的损失相对较小的结果。

在中英商约画押之后，盛宣怀将与英国所订商约作为固定模式，紧接着与美、日、葡等国签订了各自的商约。

三、盛宣怀处置电报局收赎商股事

1906 年清政府新设邮传部，进一步推进电报局收归官办的进程，电报归朝廷管辖。盛宣怀乃向邮传部施加压力，说与其"商本而官办"，不如干脆官本官办，要求"仍遵前旨，发还商本"，这对政府是有好处的：所还不过三百余万两，却每年免发商息三十万八千两，国家可以"渐收拓广之大利，并可免官占商产之恶名"。②

邮传部亦认为将电报收归国有后，一方面可集中力量推广线路铺设进程，另一方面可以政府为后盾而降低报价，事关大局，因此开始对电报局清查账目，准备将其收回。最关键的是要将电报局股票从股商手中买回，而当时电报局发行的股票总数为22000 股。

其实，清政府收买股商的股票，并不想按照时值估计，再酌加一二成的惯例来执行。在他们看来，盛宣怀是电报局的大股东，只要摆平了他，问题自然就解决了。此时，广大股商生怕自己的利益无法得到保障，各省各埠股东纷纷聚集上沪开会，表达自己的意见，反映出股商维护自身权益的强烈意志。但是，政府并不松口，这等于要将这些电报的收益从股商手中夺走，自然引起公愤。双方矛盾的焦点集中在购回股票的定价上。

---

① 参见盛档，盛宣怀《招商创办内河轮船电奏》，光绪二十八年九月二十二日。

② 参见盛档，盛宣怀《设电线沿革》，光绪三十二年。

　　邮传部对股商的要求所做出的回应是：电报关系紧要，不能只视为商人盈利的手段，而且各国电报皆为国家所有，中国自不应例外。邮传部又说：电报局开办之初，商股微薄，皆赖各省官力出资补助，才有今日之局面，目前"欠数未清还者尚二十余万"。事实上，电报局招股之初，为偿还所借的官款，政府各式电报均免费，早已抵完，如今却被指仍欠政府款项，不能不令股商十分反感。邮传部又称因各地设线要求不断，还需工程费用数十万元以上，而修理、养线等事务责归商办，则对商无利，且"展线、大修、减价"三事皆为"今日最要之图"，但股商却将此三事视为"最损之策"，不愿降低条件。

　　政府的强硬态度与无理狡辩再一次激化了官商矛盾，当时《申报》《中外日报》等报纸纷纷就邮传部收归官办的奏折进行逐段批驳，认为政府出尔反尔，对股商所作的贡献视而不见，对商人只知利用，不知保护。

　　朝廷为缓和这种僵局，决定再派盛宣怀出面。1908年3月9日，盛宣怀被授为邮传部右侍郎，管摄路、电、航、邮四政。盛宣怀对此项任命颇感棘手，他在给邮传部左侍郎吴郁生的信中抱怨道："近来报纸皆谓收赎发端于弟，而部电欲我先交先领，商界自闻此言，深疑敝处见好于官，从此无人过我门矣。两面受挤，只得退避三舍。旋接闽县覆电，业已上闻，势难反复，屡请另派丞参到沪调处，均不许可。弟向来办事不肯因难畏缩，现拟酌中遵照奏案核定票价，先请部示，再行集商劝导，必须付弟全权，方能当机立断。"①

　　盛宣怀深知股商此次不满情绪非常强烈，故提出要邮传部给与其处理此事之"全权"。他很清楚收归官办一事若处理不好，即会激起民变："若再不赶紧结束，俟其正式会成，各省会不论有股无股，皆发愤论，恐非照账略计算不能买矣。……电事愈议愈远，实因风潮使然。苏、杭、甬战胜朝廷，彼等骄营口甚，动辄开会。局中之争较，皆从局外之

_____

　　①　参见北京大学历史系近代史教研室：《盛宣怀未刊信稿》，中华书局1960年版，第117页。

横议激起。"①电报局的变动已经引起了社会的强烈反应，而"局外人"的"横议"更催化了局中股商反抗的情绪，使政府平息股商争议一事更为棘手。

邮传部电令盛宣怀出面"挺胸独任"解决收赎商股之事，盛宣怀施展其谈判手腕，两面说服。他先召集上海股商开会核议发还股价数目，各股商援引1903年准其附股谕旨，历陈商人创办艰险，他们希望盛宣怀劝政府停止收赎。后在盛宣怀"谆切开导"之下，勉强答应归官，但要求按股给值300元。因电报股票的收益不仅看当时的票面价值，还要看到今后的发展趋势。正如股商所言，中国还有近万里的电报线要架设，电报股票的收益会大大增加，而电报收官后，商人再无股息可得，因此出价也不过分。而当时邮传部仅有备款400万元，要收22000商股，因此邮传部的出价每股仅180元，整整相差120元。双方相持不下。若此事未能按政府意思解决，先例一开，此后抵抗政府意见的事必然会层出不穷；而若以偏低的价格赎股，则会损害股商利益，时已届七月，凡未缴股者势必纷纷领息，也给政府造成负担。当时清廷正诏令华侨回国兴办实业，"风声所播，影响必多"。

如何做到"既恤商情，复顾国体"，盛宣怀感到非常为难。盛宣怀一方面向朝廷复请"体念商艰"，希望朝廷能再多加补偿。他提出收股3年内按股每年提商洋6元补给股商，此款于每年摊来海线报费50余万元之内拨发，无须政府筹措。另一方面也对股商再加压力，与上海道蔡乃煌再次招集股商，以朝命不可违为由，要求股商必须交股，同时陈之其拟定的优待条件，又对股商施以利诱，建议股商将政府赎还的资金投入到新开设的汉冶萍公司夫。

应该说盛宣怀的"同情政策"及经济利诱起到了一定作用，加之政府收官之意坚决，在朝廷的压力下，电报股商最终向政府屈服，以每股

---

① 参见北京大学历史系近代史教研室：《盛宣怀未刊信稿》，中华书局1960年版，第117页。

175~180 元的价格向政府交出股票。仅月余时间，22000 股收回 21400余股，其余散布的 500 余股之后也陆续领回。1908 年 9 月 8 日，邮传部奏报电股收回完竣，而电报局之建制也被改撤，① 至此，电报局完全实行"官本官办"了。

为挽回商人信心，盛宣怀请求朝廷颁发谕旨，声明今后无论商办公司或官商合办营业，如轮船招商局、汉冶萍、银行、邮传、船矿业各公司"断不引以为例"，商民毋庸疑虑，若有不得已需要收归官办者，则先与该公司和平商妥，照最优之例给价，企图以此消除影响，挽回政府形象，但是此次电股归官造成的恶劣影响并非朝廷一道谕旨即能消除的。

四、以通商银行为中心进行发展布局

1897 年盛宣怀主持创办中国通商银行，使得他将所主持的各项实业，以及铁路建设能够联系起来，以便融通资金，统一管理，求取实业获得更进一步的发展，这也是他当时创办通商银行最直接、最重要的原因。

通商银行经过几年经营，在筹办铁路和汉阳铁厂等实业中逐渐开始获取赢利，据 1899 年盛宣怀的统计，银行"每六个月结账一次，除开销外，发给股商利银四十万两，缴呈户部利银十万两，尚属平稳"，相比外国银行，"询诸汇丰开办之初，尚无如此景象"。②

至 1901 年，盛宣怀深有感慨地回顾开办银行的这段历史，而与人书云："各国理财之政，莫不以银行为官商交通枢纽。甲午之后……承旨设立通商银行，以资本无多，而各省官场罕解此义。将来中国倘欲使不足变为有余，若不肯从此入手，恐难取效。"③

---

① 参见韩晶：《晚清中国电报局研究》，上海师范大学 2010 年博士学位论文，第 149~151 页。
② 参见《愚斋存稿》卷 3，第 66 页。
③ 参见盛档，盛宣怀《致陶方帅丞》，光绪二十七年二月三十日。

1901 年 1 月 5 日，盛宣怀受命担任商务大臣会办后，他开始以通商银行为中心进行布局。1904 年 10 月 16 日，盛宣怀委任王存善、李钟珏为驻行总董，顾润章为驻行分董，此三人均与盛宣怀的其他洋务企业有着密切的关系，通过这次人事变动，盛宣怀进一步掌控了中国通商银行。而顾润章作为盛的外甥，实为盛安排在中国通商银行的心腹，他虽是中国通商银行驻行分董，但在银行中实际握有很大的权力，可视作盛宣怀在中国通商银行中的代言人。也正因中国通商银行与盛宣怀之间的关系密不可分，银行的发展与盛的政治、经济地位之间的关系就变得更为紧密了。

自 1905 年起，盛宣怀在主持与英商怡和洋行及汇丰银行达成的沪宁铁路借款合同中，怡和洋行与汇丰银行都同意把相当部分的地价款、路款存于通商银行，通商银行并获得在汇丰银行未设分支机构的铁路沿线地区经理有关银钱往来的权利。据统计，1905 年怡和洋行和汇丰银行向通商银行拨存购地款约合规银 87 万两，存入路款 25 万余两，此后连续两年又存入路款共计 20 余万两。

1910 年 8 月 17 日，上谕命盛宣怀回邮传部任右侍郎并帮办度支部币制事宜；年底，盛宣怀任邮传部尚书，执掌邮传部。此后，中国通商银行与该部又发生了密切联系，银钱往来极为频繁。盛宣怀上任后，邮传部在中国通商银行进行存款。此外，盛宣怀不仅在各项铁路借款中为中国通商银行争取存款，更是在交通银行陷入资金缺乏的困境时，不仅裁撤其帮理梁士诒，还将邮传部所存交通银行之款提交于中国通商银行。

当然，这些资金转移对中国通商银行是有利的，它有助于加强其应对金融市场风波的实力。可见，盛宣怀在进入清廷权力高层、致力于币制改革之后，并没有打算放弃中国通商银行。从事实层面而言，尽管与大清银行相比处于劣势，但经历严重亏损后，自 1905 年底开始，盛宣怀和中国通商银行新一届办事董事及华大班采取了一系列整饬措施，此后几年，中国通商银行皆处于赢利状态之中，公积金也随之而逐步增加。

还在四川保路运动发生后不久，盛宣怀即预感时局将有大变，担心他经营的"公私产业"有损，急令所属企业负责人谋求对策。针对通商银行，他以眼下时局将有重大变化，致函通商银行总董王存善、顾润章等人，指示"稍作准备，务使通商设法保全"，以避免通商银行遭受大的损失。①

五、盛宣怀对侨商张振勋投资的支持

还在登莱青兵备道任上，盛宣怀发现山东烟台等地区盛产水果，品质上佳，于是，想到了水果深加工的问题，他遂与三品衔候选知府张振勋（又名张弼士）商议筹建葡萄酒厂的事宜。这个葡萄酒厂虽然在盛宣怀的任期内没有开办起来，但终由他的动议和筹划，在他离任几年后由张振勋创办起了张裕葡萄酒厂。

1892 年后张振勋先后被清政府派驻槟榔屿（今马来西亚槟城）任首任领事、新加坡总领事。1895 年 4 月 26 日，已为清政府驻英属海峡殖民地槟榔屿的领事张振勋，给盛宣怀写了一封信，在信中张振勋对试制的葡萄酒描述道："惟该酒做出初年，必须落窖，以一年为期，第二年始能装罐，次第开售。"张在信中还说："查该酒如自己专做，利源确有把握。必须宪台与北洋大臣斟酌，奏准奉天、天津、山东三省，他人不得再运机器冒效争利，或五十年或三十年；试办免税，或十年或五年。一俟著有成效，然后计各酒承本之多寡，核定额税之等差。"他希望政府出台政策，支持张裕葡萄酒的发展。

盛宣怀同样关心着张裕葡萄酒，为此，他于 1895 年 4 月致函北洋大臣王文韶，说："职道前在东海关任内，查得烟台、天津、营口等处所产葡萄可照西法酿酒，曾与广南槟榔屿领事、三品衔候选知府张振勋

---

① 以上参见宁汝晟：《盛宣怀与武昌起义爆发后的上海金融救济》，《历史教学》2017 年第 3 期，经 27~33 页。

筹商酿造，并于上年延请酒师到烟试造，尽合外洋销路……现拟在烟台地方建一酒厂，曰张裕公司，集华商资本采办烟台、天津、营口三处葡萄及所种水果酿酒出售……拟请援照西例，该厂既设，准其专利三十年，凡奉天、直隶、山东三省地方，无论华洋商民，不准再有他人仿造，必俟限满，方准另设。并准以运酒出口之日起，准免税厘三年。"①他对张裕葡萄酒发展扶持的态度，深受张振勋的感动，从此，盛宣怀与张振勋之间建立了深厚的友谊。

1895 年冬，王文韶、张之洞向朝廷推荐由盛宣怀来督办卢汉铁路，盛宣怀开始积极思考筹集铁路建设资金的事宜，他想到了自己的莫逆之交侨商张振勋，并与之取得了联系，得到了他回国参与卢汉铁路建设的许可。张振勋归国筹办铁路一事很快便得到了清廷许可，盛宣怀即致电在新加坡的张振勋："已请张、王两帅电龚调兄来商铁路。"1896 年 7 月 31 日，盛宣怀致电直督王文韶："张振勋可充一（铁路）总董，责成外埠招股。"9 月 2 日，张之洞、王文韶会奏卢汉铁路商办难成须另筹办法，他们向朝廷提出："应请特旨准设卢汉铁路招商公司，先派盛宣怀为总理……"他们在介绍盛宣怀吸引华商的手段和方法的同时，突出强调了张振勋在招商和筹款中的作用："又查有新加坡总领事候选知府张振勋，素与南洋各商相习，现经该员（即盛宣怀）禀请，由臣等电商出使大臣龚照瑷札调回华，应由盛宣怀与之商酌招股事宜。"②

1896 年 10 月 20 日，盛宣怀奉命以四品京堂候补督办铁路总公司事务，并被授予专折奏事特权。张振勋为响应盛宣怀创办卢汉铁路的邀请而回国，他事实上已结束了自己的领事生涯。但是他的领事职务却并未真正开缺，这是由于盛宣怀通过各种努力，一再向能左右此事的官员强烈请求下才得以保留的，其目的是维护张振勋作为侨领的旗帜性影响力，他不希望张振勋由于领事一职的撤销而使他树立起来的南洋招商旗

---

① 参见盛档，盛宣怀《上北洋大臣王文韶禀》，光绪二十一年四月。
② 参见宓汝成：《中国近代铁路史资料：1863—1911》第 1 册，中华书局 1963 年版，第 252~255 页。

帜倒下。

张振勋为支持铁路建设，积极参与了中国通商银行的筹建。1896年 12 月 20 日，张振勋在新加坡"谨拟设立银行条议开列呈电"。他以西方银行业作为借鉴，结合在南洋多年与银行往来的经验，对银行工作应该注意的事项提出了自己的看法。1897 年 2 月 20 日，他与银行各总董参酌汇丰银行章程，在上海修订拟就《中国通商银行章程》共 22 条。在银行招股中，张振勋共认 2000 股，共 10 万两，是私人股的最高者，占总投资额的 4.7%，张振勋还在南洋招徕了不少华侨股资。

1897 年 4 月 20 日，盛宣怀在给通商银行的电文中说："张弼士来电，二千股已招齐。慎初亦已招足。望代询各总董已招若干？即电复。因四月内即须开张。"至 5 月 31 日，张振勋一共给中国通商银行汇寄了 15.5 万两股款。

之后，张振勋所筹建的广厦铁路虽没有成功，但他也是晚清商办铁路即民间创办铁路行动的典型人物。

六、盛宣怀支持徐锐两次赴南洋募资

盛宣怀从 1896 年办铁路、办银行开始，就十分重视南洋侨商对这些项目资金上的支持，特别是希望通过发挥"华商巨擘"张振勋的作用，联络、带动更多的侨商来投资内地的建设项目。1901 年 1 月，他担任商务大臣会办后，先后多次派出各个级别的官员考察南洋商业，联络侨商。在这种背景下，1906 年，美国华侨候选道徐锐在盛宣怀的支持下，自告奋勇地向清政府提出了到南洋募资，建立"中国振兴商务轮船、银行、保险大公司"的建议。

8 月，徐锐南洋之行被清政府批准后，他回沪草拟轮船公司、保险公司及银行章程，并写信给清政府官员，要求外务部照会英美驻使通饬南洋各埠领事，给予方便。12 月，徐锐一行抵达小吕宋岛(即菲律宾)，当地盛产黄金，物产丰饶，贸易繁荣。在十五六世纪，中国东南沿海商民同吕宋的交往已相当频繁，开始有华侨旅居吕宋。徐锐在吕宋积极演讲，宣传中国振兴商务大公司的建设宏图，并进行募资工作，联合华侨集资入股创办银行、航业、保险三大公司，侨商集资达到 20 余万规银元。徐锐将集资情况及时向清政府农工商部进行了汇报。

1907 年，徐锐奉清政府农工商部之命，第二次赴南洋诸岛募集资金，用以建立振兴商务大公司。2 月，徐锐一行驶抵新加坡，新加坡大多数华人的祖先来源于今天的福建、广东和海南，经过广为宣传和动员，新加坡侨商集资达 70 余万规银元；3 月，徐锐一行又抵达槟榔屿，槟榔屿是马来西亚西北部一个风光明媚的小岛，因盛产槟榔而得名，华人占到了 40%（注：徐锐两次赴南洋募资，所到达的吕宋、新加坡、槟榔屿等地，这条水上路线，实际上也是我们现在所提的"一带一路"线路的一部分）。徐锐号召侨商集资兴办船务、银行、保险三大公司，集资逾 50 万规银元。

但不久农工商部收到南洋槟榔屿领事的回文，称徐锐集股情况并不乐观，所称的集股数不过是估计额，甚至有华侨质疑徐锐的办事能力。7 月 22 日，盛宣怀上奏《徐锐调查各岛今已回沪集股亦有把握由》，汇报候选道徐锐奉农工商部商务司之命，到新加坡、小吕宋等南洋诸埠招募华股，拟筹设中国振兴商务三大公司：一是银行公司，一是轮船公司，一是保险公司的情况。盛宣怀、徐锐等人力陈举办中国振兴商务大公司之必要。

由于当时的政局大背景，徐锐两次赴南洋募资，未能实际奏效。但是，它却是清末一次有较大影响的向南洋华侨的募资活动，为以后内地政府与南洋侨商的经贸联系奠定了基础。①

---

① 以上参见刘桔红：《晚清华侨投资国内地区综合开发》，厦门大学 2017 年硕士学位论文。

第十一章 辛亥革命时期的金融活动

一、从袁世凯手中夺回招商局

1909 年 1 月，靠逢迎慈禧太后出卖戊戌维新派起家发迹的袁世凯，被撵回河南老家"养疴"。但是，袁世凯的亲信仍布满朝廷。1909 年 2 月 9 日，袁世凯手下的重要骨干徐世昌被授为邮传部尚书。而"港多徐党"，港商又占了招商局相当大的股份，盛宣怀担心徐世昌利用这股力量以达到攫取招商局的目的，最终使招商局被政府夺去。为抵制"徐党"的行动，3 月 27 日，他去信至正在澳门的郑观应，请郑观应在广州找"同股兼同志者"列名公呈招商局商办，以反对袁世凯亲信、新任邮传部尚书徐世昌将招商局收归国有的企图。[①]

1909 年 4 月，轮船招商局转归邮传部管辖之后，面临再次失去控制力的危险时，盛宣怀开始站在股东角度，带领股东抗议，选择将公司注册。来自南北两方面的 31 位股东联合致电邮传部，要求设立一个由股东选举产生的董事会。

1909 年 8 月 15 日，招商局在上海张园举行第一次股东大会，代表 31164 张股票的 732 位股东，选出了一个 9 人的董事会，其绝大多数是忠于盛宣怀的，盛宣怀当选为董事会主席。股东们还起草了新章程，以

---

① 参见夏东元:《盛宣怀传》，四川人民出版社 1988 年版，第 530 页。

取代 1885 年的旧章程。邮传部接受了这一章程是对商办的一个重大让步，但是"官督"的性质还是保留了下来。邮传部委派钟文耀为"正坐办（即相当于特派员）"，沈能虎为"副坐办"。邮传部委派的正、副坐办与股东推选的董事会同时并存，并指定公司以禀文形式向邮传部汇报重要事项。

1910 年 6 月 12 日、1911 年 3 月 26 日，股东们先后在上海召开了第二届、第三届股东年会。第三届年会后董事会的权力进一步正规化。9 人董事会被称为"议事董事"，船舶、运输和财务三个部门的头头被称为"办事董事"，由股东推选的两位监察人被称为"查账董事"。轮船招商局作为一个私人的商办企业在农工商部注册，邮传部可以委任两名官员（一名专司监察和一名兼办漕务），所有董事和办事董事都要由股东选举产生，所有关于公司经营的决议都要由董事会做出。如果邮传部监察员发现任何一位办事董事不胜任或者不诚实，可知照董事会撤换之。董事会可以自行免除不合适的办事董事，并可要求邮传部撤换他们认为不胜任或者不诚实的监察员。公司的船只和航线都要在邮传部注册，每年向邮传部递交一份财务报告。

1911 年 10 月，辛亥革命爆发后，邮传部委任的官员离开了轮船招商局，公司的全部管理权终于完全掌控在了董事会的手中。

1911 年 10 月，盛宣怀东渡日本，但仍是轮船招商局的最大股东。

他从日本回来之后，提出按日本邮船会社的模式改造轮船招商局的管理机构，并提出由股东选出的董事会通过向三个主要职能部门各派一名董事会成员，以执掌轮船招商局的实际经营权，目的是将公司的管理权集中于董事会，彻底完成向商办公司的演变。

二、武昌起义后稳定上海金融的举措

1911 年 10 月 10 日，武昌起义致清廷统治摇摇欲坠，这对上海的金融市场造成了极大的冲击，上海道台刘燕翼力图督饬各方维持金融市场的稳定，10月14日，他与两江总督张人骏以及中国通商银行协商，向上海市面投放银元，另与商务总会总协理及钱业董事等开会商讨如何维持金融秩序，并颁发布告要求商人自律，不得哄抬物价，散布谣言。

就在刘燕翼发布告示的同时，时任邮传部大臣的盛宣怀也开始了行动。10月13日，盛宣怀即通过两江总督张人骏和江宁造币厂总办蔡景、帮办景凌霄，要求将该厂的存银赶运至上海，交付给中国通商银行。调运这批存银的目的，一开始是为了战事需要，只是由于沪市发生了风潮，遂改为存储于通商银行，以救济上海市面。

盛宣怀十分关注这批白银的起运和沿途的安全，曾于10月14日吩咐通商银行董事王存善，望其亲自赴宁向造币厂方面"说明理由，克日上船，过镇江等处勿停泊，出城上船如需保护，请面商安帅妥密办理"。10月16日，盛宣怀又致电中国通商银行分董、实际主持行务的顾润章，询问日前江宁造币厂运送的200万元"新国币"入库情况。10月17日，他又致电江宁造币厂总办蔡景，询问："运沪二百二十五万元，已运齐否?"盛宣怀凭借行政上的上下级关系以及所控制的金融机构，具体落实运送银元至上海，以维持上海金融市场的稳定。

关于向上海运送银元的数额，据通商银行的记载为225万元。而10月18日，上海城乡自治公所董事李平书和上海商务总会都提到了新币的数额为400万元，这可能是由于分几批运送银元，从而造成所报告的数据不一致。

关于运送银元的的方式，据记载，10月20日，"江宁造币厂从轮船运来"100万元；同日，"江宁造币厂从铁路运来"125万元，这表明既有通过轮船来运送的，也有通过铁路来运送的。据当时《申报》的报道：两江总督张人骏电刘燕翼："即日(14日)晚间有现银一百万两，由火车运沪，汇存交通银行，以便调用；江宁造币厂因有新币一百万，计装四百箱，装由沪宁快车运沪，交付通商银行。"而在工部局警务处10月17日的《警务日报》中，也称"500箱龙洋由一支武装卫队从火车站护送到中国通商银行"，"护送队是下午3时从火车站出发的"。总之，武昌起义后不久，上海市面上已经关注到有大批白银运抵，虽然对于数额和载运方式的说法不尽相同，然而盛宣怀的个人档案则较清楚地显示了盛本人在其中的具体安排和关键性作用。

盛宣怀在联系两江总督和造币厂运送银元的同时，于10月16日急电上海通商银行顾润章，指示其将业已运抵上海通商银行库房的200万元现银，立即拆开一箱，邀请上海大清银行经理宋汉章、交通银行经理顾晴川以及商会、钱业领袖面商，"如能照英洋一律兑换，即由上海大清、交通、通商三行公电币制局或可奏明办理。此路打通，即可随铸随用。江宁一厂每日可铸十余万元，俟将来辅币齐全，再照币制章程办理"。虽然盛宣怀在电文中称"但系个人思想，尚未会议"，但上海通商银行方面立即邀请宋汉章、顾晴川会商：皆云乘此现洋缺乏，若照龙洋价值较英洋每元约少银三四厘，当可通行。适各钱庄及商会在座，亦甚赞成。请钧裁会议请旨示遵。也就是说，上海银钱业及商会都赞成盛宣怀的意见，陆续自南京把江宁造币厂新铸银元运抵上海，按照行情投放市面，达到稳定金融市场的目的。

另外，代表清末上海立宪派利益的上海城厢自治公所，也寄望盛宣怀在维持上海金融方面发挥作用。10月18日，上海城厢自治公所董事李平书得悉有新银币到沪，他一面电禀江苏巡抚程德全，将寄沪之新银币400万发交各银行钱庄，流通市面；另一方面致电盛宣怀："伏祈宫保主持，切恳度支部照准，以救沪市而维大局。"盛宣怀复电称：业已会商度部，准予维持照办，已电达上海大清、交通两银行遵照。又电沪道转知商会，一体维持。

在武昌起义之初政局动荡、上海金融不稳的情况下，盛宣怀出面且大力推动向金融市场投放存银，对稳定金融具有不可替代的作用。①

---

① 参见宁汝晟：《盛宣怀与武昌起义爆发后的上海金融救济》，《历史教学》2017年第3期，第27~33页。

三、向外求援以维系资金周转

武昌起义爆发之后，盛宣怀曾要求通商银行驻行分董顾润章向上海汇丰银行和日商正金银行押借数十万两，以资周转。在与汇丰银行接洽过程中，顾润章起初提出押款 10 万两，以轮船招商局股 1200 股作抵，到了 10 月 17 日，已经与汇丰银行方面说定次日成交。对此，顾润章颇为满意，甚至考虑到市面趋紧，拟以其他押品向汇丰银行"再做一二十万，以备不虞"。然而到了 10 月 18 日，汇丰银行突然知会通商银行方面，轮船招商局股 1200 股只可押借 8.5 万两，即减少了 1.5 万两，即招商局股每股只可押借 65 两左右。盛宣怀得悉这一情况之后，认为市面资金缺乏的局面愈趋严峻，当即决定由上海通商银行出面，以各种押品再向汇丰押借现银 50 万两，他并要求顾润章仔细询问通商银行所持有的招商局股、仁济和保险公司股以及通商银行股、汉冶萍公司股各有多少，甚至打算如果已有股票不够抵押的话，考虑用通商银行抵押的资金抽换，"大约至多七折止"。同时，盛宣怀面见在北京的汇丰银行大班，要求其向上海汇丰银行通融押借事宜。于是，10 月 19 日顾润章根据盛宣怀的指示，在上海再度与汇丰银行方面交涉押借，并提出以招商局股、通商银行股以及仁济和保险公司股为押品。而上海汇丰银行方面虽然知悉盛宣怀的要求，却只愿意接受以招商局股作为抵押，每股押借 65 两，不接受通商银行股、仁济和股等押品，而上海通商银行当时能够凑得出的招商局股票总共才 5500 股，按照汇丰银行开出的押借条件，通商银行方面只能获得 35.7 万两押款，且需要通商银行尽快确认。10 月 20 日，汇丰银行方面确认："已经商定股票押款银三十五万七千两，望即议定可即委代签字。"对于盛宣怀 50 万元预期押借总额的差额 10 多万两，汇丰银行方面也没有完全拒绝，表示"押在通商产业亦可转押，多多益善"。盛宣怀从顾润章和汇丰银行两方面知晓了上述交涉结果，特别是了解到汇丰银行对于产业股票作为押品的通融态度，即指示顾以通商银行存有的 27000 股汉冶萍公司股票，继续向汇丰银行进行押借。这样，到了 10 月下旬，盛宣怀已经就维系通商银行的周转资金，得到了来自汇丰银行方面的积极回应。

除了汇丰银行之外，盛宣怀也与日商横滨正金银行上海分行接洽。武昌起义爆发后，盛宣怀即指示通商银行的顾润章向"正金赶紧商办"押款，由于通商银行所存招商局的股票一开始便确定向汇丰银行押借，对于正金银行这边的借款只能以其他押品顶替了。顾润章与正金银行接洽之后，向盛宣怀建议"仍以矿石向日本借用百万元，以救危急"；同时指出，通商银行与"正金素有交谊，通商等股票或可通融"。在得到盛宣怀的允准后，顾润章等与正金银行数次交涉，正金银行不仅同意可直接用矿石作为抵押提供百万元押款，还答应接受通商银行持有的通商银行股份为抵押，提供 130 余万元的借款。这样，在武昌起义后上海市面银根普遍收紧的情况下，日商正金银行就成为通商银行在获得急需的营运资金方面的又一重要来源。

武昌起义之后，清廷统治摇摇欲坠，这对光复之前的上海金融市场造成了极大的冲击。与应对变局手足无措的上海道台不同，盛宣怀一方面身为邮传大臣并曾任度支部币制事宜帮办，与大清银行、交通银行和造币厂等官方金融机构关系极其密切，另一方面作为中国通商银行的创办人和实际控制者，长期以来与商业性金融机构互通声气，而上述亦官亦商的身份又颇得在华外商机构的重视。这些都有助于盛宣怀在救济上海金融方面，得以腾挪周旋于朝野之间、华洋之间、上海与外埠之间，尽可能地调集各种金融资源，以维持上海金融市面的稳定。虽然盛宣怀上述努力的出发点还是维系旧有的金融格局和秩序，在此格局和秩序下求得其个人控制企业基本利益的保全，但作为晚清政局下为数不多的有抱负、有作为的人士，盛宣怀在维持上海金融方面殚思竭虑、积极作为，客观上有助于包括一般客户在内的整个金融市场参与者的基本利益，这也是其在近代金融史上留下的最后一页。①

四、南京临时政府急于向日本借款

1911 年夏秋间，从四川开始的保路风潮兴起后，广东、两湖也随之继起，清王朝处于风雨飘摇之中，保清派人士群起攻击盛宣怀，盛乃成为众矢之的。10 月 10 日，武昌起义爆发，随之各省相继宣布独立。

10 月 26 日，清王朝为平息众怒稳住统治，将盛宣怀作为替罪羊革职，永不叙用。12 月 31 日，盛流亡日本。

1912 年 1 月 1 日，中华民国政府在南京成立，孙中山出任临时大总统。

但是，南京临时政府财政极为困难，就在 1911 年 12 月 25 日，孙中山一行抵达上海，29 日，孙中山赶赴日本三井物产上海支店，与店长藤濑政次郎会面，正式提出向三井物产借款请求。据记载："藤濑氏讲，如果汉冶萍能够华日合办，三井方面可以拿出五百万来……孙中山亦表示同意；藤濑氏又说明确答复需要一星期时间。"②

日本方面对南京临时政府借款案的反应极其迅速，12 月 31 日夜，日本制铁所所长中村雄次郎在东京拜会三井物产常务理事山本条太郎，中村希望山本从有利于将来日本在中国获取有希望的矿山的国家利益出发，对借款案做出积极回应。1912 年 1 月 11 日，日本外务省出台了《日中合办汉冶萍大纲六条》，以日中合办汉冶萍作为向南京临时政府借款的前提。对此，南京临时政府的代表表示"大体上同意，正与盛宣怀协议中"。而在日中合办汉冶萍借款案中，占有重要地位的一方——汉冶萍公司，至 1 月 12 日后才正式涉入其中。

---

① 以上参见宁汝晟：《盛宣怀与武昌起义爆发后的上海金融救济》，《历史教学》2017 年第 3 期，第 27~33 页。

② 参见李廷江：《日本财界与辛亥革命》，中国社会科学出版社 1994 年版，第 200、265 页。

之前，1911 年 5 月 1 日，盛宣怀曾与小田切签订了 1200 万日元借款的《预借生铁价值续合同》，合同规定正金银行从当年 8 月开始向汉冶萍公司分期交付借款，但是由于种种原因，借款一直未予支付。

当 1912 年 1 月 12 日，日本政府批准以日中合办汉冶萍为前提的对南京临时政府的借款案后，盛宣怀代表汉冶萍与正金银行签订的 1200 万日元的借款合同自然终止，被迫涉入与其本人及汉冶萍公司毫无权益可言的南京临时政府对日借款案。日方决定仍由正金银行董事小田切出面与盛宣怀交涉。

在当时国内的政治形势下，以中日合办汉冶萍为代价，替南京临时政府借款，对盛宣怀来说并不存在太大的障碍，要害在于由谁来承担"中日合办"的责任。盛宣怀因为铁路干线国有化，执行借款时中外合办筑路之政策，在清政府邮传部尚书任上身败名裂，自然明了"中日合办"汉冶萍所承担责任的分量。

1 月中旬，南京临时政府派何天炯为代表赴日，通过王勋（阁臣）将用汉冶萍公司作押筹款一事告盛，盛在"义不容辞"的答话之余，提出"由政府与日合办……或由公司与日商合办，均可；惟合办以严定年限、权限为最要，免蹈开平（煤矿）覆辙"。

南京临时政府策略地回复："所拟中日合办，恐有流弊，政府接任，亦嫌非妥当办法，不若公司自借巨款，由政府担保。"孙中山的设想是由汉冶萍公司"自借巨款，由政府担保，先将各欠款偿清，留一二百万作重新开办费，再多借数百万转借民国"。无奈日本方面坚持不合办不借款，临时政府对此一筹莫展。

五、孙中山欲以招商局局产抵押借款

孙中山出任临时大总统时面临的形势是，"革命政府财政穷乏已达极点，供给军队之财源几无，几达破产之地步，若数日内无法获得救燃眉危机之资金，或解散军队，或解散政府，命运当此。……鉴于上述现状，旧历年前后不拘何种手段，亦要筹足维持军队之费用。汉冶萍断然实行日华合办，以筹五百万元，以招商局为担保借款一千万元等举，皆因此故也"。① 这不但令孙中山有向日本举债的冲动，临时政府的其他与日本有关系的要员同样抱有如此想法。与此同时，南京临时政府与盛宣怀间的交涉也开始了。

1月2日，南京临时政府召开第一次内阁会议，做出三项决议，其中第二条专门议决以招商局局产向日本抵押借款。此后，招商局董事会陆续接到陆军全体军官将校公函，又接到沪军都督转发的中央政府急令，"以民国新立，军需孔繁，暂借招商局抵押银一千万两备用，由中央政府分年担保本息，限四十八点钟内回复"等语。招商局董事则以"此事重大，非少数董事所能解决"，需开股东大会表决，且以"限于时间紧迫"为借口，向南京临时政府去电，采取尽量"拖延"的手段应付。②

1月17日，孙中山通过他的代表陈荫明向逃亡日本的盛宣怀传言："民国于盛并无恶感情，若肯筹款，自是有功，外间舆论过激，可代为解释。"至于盛氏被没收的财产，"动产已用去者，恐难追回；不动产可承认发还"。

2月2日，孙中山从沪都督陈其美处得到招商局"各股东全体承认，无一反对者"的信息，立马向招商局发去感谢电文。同日，招商局致电孙中山和黄兴，强调1日已开股东会，但到会者"仅得十成之一"。之后众多未参会的股东纷纷表达不同意见，2月7日，招商局董事会又采取"全体告辞"的举措，给南京临时政府以招商局局产抵押借款一事增添了更大的难度。

2月23日，孙中山致函盛宣怀："执事以垂暮之年，遭累重叠，可念也。保护维持，倘能为力之处，必勉为之。现在南北调和，袁公不日

---

① 参见李廷江：《日本财界与辛亥革命》，中国社会科学出版社1994年版，第254~256页。

② 参见胡政：《招商局珍档》，中国社会科学出版社2009年版，第496页。

来宁，愚意欲乘此机会，俾释前嫌，令执事乐居故里。"同日，孙中山下令废除中日合办汉冶萍公司草约。这时用招商局财产向日本筹款一千万元，亦未能成功。

3月8日，盛宣怀复孙中山函："公一手变天下如反掌，即以一手让天下如敝屣，皆以为民也。惟中华之民穷困极矣，非洞开门户，大兴实业，恐仍不能副公挽回时局之苦心。侧闻公阅历欧亚，知足民大计，必从实业下手。"对孙中山"保护维持"家族财产，表示了"感泐尤深"之意。

3月13日，盛宣怀致张仲炤函："民国政府力摧实业公司，汉冶萍、招商局几乎不能保全"，"故我辈不可不以保持已成为己任"。3月15日，孙中山给盛宣怀来函："实业以振时局，为今日必不可少之着。执事伟论适获我心。弟不日解组，即将从事于此。执事经验之富，必有以教我也。"

六、关于汉冶萍的"宁约"与"神户约"

南京临时政府希望以中日合办汉冶萍为代价，达到从日本借款，又想让盛宣怀来承担"中日合办"的责任。盛宣怀因为铁路干线国有化，执行向外国借款的政策，被搞得身败名裂，自然不愿趟"中日合办"这浑水。

1912年1月下旬至2月底，这一段时间是盛宣怀一生当中，最难过、最不自由、最痛苦的日子。一方面是南京临时政府为缓解财政上的困境，急于要从日本方面获得巨额借款，同意"以中日合办汉冶萍"为条件，但是又不愿意由政府出面来签借款合同的字；另一方面是日方坚持中方不在以中日合办汉冶萍为前提的借款合同上签字，就不肯把钱借给临时政府。而他们双方妥协的结果，是要让盛宣怀来签这个于他本人、于汉冶萍都无益的字。盛宣怀一方面要忍受被国内舆论、民众大骂"卖国"的罪名，但又无法辩解、说出真相。另一方面南京临时政府黄兴、何天炯等头面人物，不时地发来措辞强硬的电文，对盛宣怀施加压力，迫使他尽快签字；而孙中山却又一再以保障盛宣怀的相关权益，维护盛宣怀的声誉相邀，让盛宣怀理解新政府的难处，使得他处于不得不去做违心之事的尴尬状态中。在那一段时间里，盛宣怀每天寝食难安，不断地咯血，还要担心国内家人的安危。

1 月 26 日，日本代表小田切说汉冶萍公司已无财产，不同意贷款，只能华洋合办。同日，上海三井洋行与南京临时政府签订中日合办汉冶萍公司草约（称"宁约"）。

1 月 29 日，小田切在神户将中日合办汉冶萍公司合同，交盛宣怀草签（称"神户约"）。

2 月 22 日，黄兴致电盛宣怀："前由何天炯转达尊意，承允助力民国，由汉冶萍公司担借日金五百万元，归民国政府借用。见义勇为，毋任钦佩。兹特请三井洋行与尊处接洽，商订条约，即日签押交银，公私两益，是所切盼，并复，陆军部总长黄兴叩。"

23 日，孙中山下令废除中日合办汉冶萍公司草约（"宁约"）。这时南京临时政府用招商局财产向日本筹款一千万元，亦未能成功。①

2 月 28 日，三井物产向盛宣怀出具了南京临时政府批准"沪三井之约"的证明，在这样的背景下，2 月 29 日，盛宣怀与小田切在日本神户正式签署中日合办汉冶萍草合同，盛宣怀于公司草合同末条声明：俟民国政府核准后，须股东会议决。

3 月 10 日，袁世凯在北京就任临时大总统职。

3 月 22 日，汉冶萍公司开股东大会取消中日合办草约（"神户约"）。

3 月 30 日，盛宣怀致孙中山函："钢铁关系自强，需本甚巨，华商心有余而力不足，恐非政府与商民合办不能从速恢张，以与欧美抗衡也。"

4 月 1 日，孙中山正式辞去临时大总统职。

"宁约"和"神户约"之间的恩怨纷争自此告一段落。

---

① 以上参见夏东元：《盛宣怀传》，四川人民出版社 1988 年版，第 539 页。

第十二章　民国初期的金融、保险活动

一、抵制袁世凯再次控制招商局

辛亥革命爆发后，清政府所派官员钟文耀撤离招商局，盛宣怀逃亡日本，局务全归董事会主持。

1912 年 2 月 13 日清帝下诏宣布退位；袁世凯声明赞成共和；孙中山向参议院辞职，推荐袁世凯为临时大总统。4 月 1 日，孙中山正式辞去临时大总统一职。之后，袁世凯派曹汝英、施肇曾以"审查员"身份到上海重新推行"官督商办"体制，仍试图把招商局收归北洋政府，但遭到招商局广大股东反对，未能成功。

而盛宣怀一面通过商局股东中的知己，以商办为名抵制袁世凯控制商局的计谋，一面又不得不通过多种渠道，向已窃取辛亥革命果实的袁世凯"示好"，获准于 1912 年末回国。

1913 年 5 月 11 日，盛宣怀致函郑观应：阁下系招商局"创始伟人"，能仍入董事会方于大局有益，"因董事非正大光明热心熟手，难期收效"，故极力帮助郑当选，以掌控招商局。6 月 20 日，他又致函孙宝琦："招商局为一班粤人盘踞其中，终难整顿"，"闻各股东以鄙人老马识途，欲举会长"。说果然如此的话，"拟推泗州为长，吾为次"。

他利用招商局股东年会决议仿照日本邮船会社办法，于 6 月 22 日由股东推选董事 9 人，再由董事互推 2 人为正副会长执掌大权之机，把袁世凯的亲信但不能经常兼理招商局事务的杨士琦推为会长，缓解与袁世凯的矛盾。盛宣怀自任副会长，实际稳操实权。分掌商局事务的主船、营业、会计三科，也都由盛宣怀信任的董事兼任，成为专务部长。

由于频发的国内军阀战争，以及连续动荡的政局，严重干扰和影响了商局的发展，特别是各地军阀对商局轮船的随意截留占用，直接摧残了商局的经营活动。

据招商局 1913 年的报告说："溯自辛亥革命以来，兵戈所指，满目疮痍，招商局所受影响甚巨。本年(1913)夏间，皖赣又肇兵端，沿江而下遂及上海制造局一带，烽火连朝，成为战地。于是长江上下，川楚闽粤几无宁土。七月间江永轮船满装客货，被截于湖口，固陵轮船回沪修理，被扣于九江。以致七、八两月，局船除供差遣往来北洋之外，余皆停泊浦江及香港等处，不敢越雷池一步。故本年所得水脚，更较上年短少 13 万余两，全为兵事所致，非市面盛衰所致也。"

面对这种政局，盛宣怀仍想使商局重整旗鼓，1914 年他采取两项重大举措，一是将商局的资本升值至 840 万两，二是把与航运业无关的产业分出，另设积余产业公司。这些举措，增强了招商局的抗压能力，同时可使商局尽量减少由于航运业遭受的摧残所带来的损失，更重要的是使袁世凯企图攫夺招商局的计划变得更加难以得逞。袁世凯的亲信杨士琦、王存善事后向袁所上的节略中说："为今之计，只须防止其不准将产业抵押变卖，及股票卖与洋人，以杜航权落于外人之手，待时机一到，便可收回国有。"[①]

但是，整个形势并未有所好转，据 1914 年的报告说："由于辛亥革命，汉口招商局船栈被火烧毁，损失巨大，汉口受损失商人组织追赔会索赔，1913 年招商局已垫付现银 10 万两，当年又经汉口商会调停，议由招商局再垫规银 10 万两，连前共 20 万两，又填水脚期票银 16.5 万两，于民国四年起分 5 年摊用，每年 3.3 万两，由汉口商会分别转交各

---

① 参见《招商局文电摘要》，第 103~105 页。

商具领抵用水脚。"据1915—1918年的报告说："自辛亥至癸丑，3年中两经兵燹，营业亏折，栈产损失，至骤增巨数之债项。"1916年，"又值川湘鄂一带兵戈载途，运道阻塞"，"招商局轮船南阻北截，津烟港粤班船停驶"。1918年，"招商局又为南北战争，交通互阻"。① 袁世凯虽未放弃控制招商局的打算，但是，他一时对盛宣怀也无可奈何。然而，由于受政局的影响，轮船招商局一蹶不振，在相当长的时段里，维持着惨淡经营。

轮船招商局由"官督商办"至"商本商办"经历了一个曲折、漫长的过程，它伴随了盛宣怀的整个实业生涯。

1916年，袁世凯、盛宣怀之间围绕着招商局的斗争，随着袁、盛的相继去世而结束。但是围绕着招商局的官商矛盾及权力之争，并没有因此而终止，北洋政府试图控制招商局的企图也始终没有放弃。

二、民国初期汉冶萍与日方的博弈

1912年10月间，盛宣怀自日本回到上海。

1913年2月18日，盛宣怀致函友人吴蔚若，说："归国后故园独处，书画自娱，如梦初醒，不欲知秦汉以后事。惟民穷财尽，实业如航业、铁业已成之局，似不难于保守。乃因董事不得其人，内外交讧；股东散处四方，每届开会，到者甚稀。西人目为自弃权利。大约官僚附股，讳莫如深!"

3月29日，盛宣怀致搆武先生函，说：汉冶萍公司有国有之说恐难办到，"鄙见商办公司必当奉工商部为惟一之管辖上司，不宜杂乱，一羊九牧，必无收成"。

同日，汉冶萍公司召开特别股东大会，盛宣怀被选为总理，会后又

---

① 以上参见易惠莉、胡政：《招商局与近代中国研究》，中国社会科学出版社2005年版，第369~370页。

被选为董事会会长，盛宣怀重新控制汉冶萍公司大权。

4月22日，盛宣怀致梁启超函，说："汉冶萍中日合办，非由弟主，而实由弟挽救。近已有人代为昭雪"，说这是"颇类强迫，不得已辞总理仍为董事（会长）"。但因重病，会长事务，常由王存善代理。

1913年6月，盛宣怀在《送儿孙游学箴言》中说："我生平就最喜欢迎难而上。钢铁是国家的支柱产业，也是我们家的祖业，能继承钢铁事业才是真正的豪杰，才是我们家的好子孙！"①

盛宣怀最后岁月中，与日本制铁所的博弈，其主要意图，在于维持汉冶萍公司的正常运营，且尽量不使个人利益再遭受损失。1913年12月，盛宣怀在未知会北京政府的情况下，与正金银行签订1500万日元的大额借款。该借款主要用于偿还汉冶萍的旧债（这些债务很多与盛宣怀关系密切），并恢复和扩大汉冶萍的钢铁生产。作为交换，汉冶萍同意：借款以公司现有及因本借款公司所添置之动产、不动产、一切财产并将来附属此等财产作共同担保，抵押于正金银行；以制铁所所购矿石、生铁价值还本付利，不足者以现款补足；公司聘用日本人为最高工程顾问和会计顾问。

为了增强公司与日本制铁所博弈的力量，盛宣怀与股东、董事会成员研究官商合办汉冶萍公司的问题，并积极进行着准备。1914年2月2日，公司董事会向农商部提出官商合办案，希望政府予以支持。

对此，3月5日，日本政府表达了对汉冶萍官商合办案的反对态度。3月7日，汉冶萍股东大会顶住压力，通过了官商合办案。4月13日，公司董事会正式呈文国务院和农商部，请求官商合办，以此前公司积欠的国家款项扣除辛亥革命给公司造成的损失，剩余部分充当汉冶萍的国家股份，另由北京政府筹借1000万两，扩充公司规模。5月25日，北京政府派曾述棨等赴上海调查公司情形。7月20日，曾述棨等递交调查报告。8月5日，张謇就此事发表意见，力主"国有"，暂以

_____

① 参见盛档，盛宣怀《送儿孙游学箴言》，1913年6月。

"官商合办"为过渡，国家入股后，将修改与日本订立的合同，加强管理，并最终通过国家控股方式实现汉冶萍完全国有化。12 月 11 日，北京政府命令江海关监督施炳燮再次彻查公司历年办理情形。①

三、盛宣怀最后岁月中的金融活动

第一次世界大战（1914 年 7 月至 1918 年 11 月）爆发，日本对德宣战，乘机向德国势力范围的山东进军。9 月 26 日，盛宣怀致函外交总长孙宝琦，要他警惕日本侵略。盛宣怀说："惟望欧战早停，中立不致败坏。近邻不怀好意，触之即动，似宜小心。"对于日本控制的汉冶萍公司，提出"以外债图扩充，以铁价还日款，以轨价充经费"的方针。

日本方面为扫除全面控制汉冶萍的障碍，转而以北京政府为主要博弈对象。1915 年 1 月 18 日，日本向袁世凯政府提出"二十一条"要求，其中第三条规定："汉冶萍公司中日合办，附近矿山未经公司同意不准他人开采。"名为"中日合办"，实为日本独占，以实现其多年处心积虑欲吞并汉冶萍公司的阴谋。

3 月 6 日，正金银行董事小田切电告盛宣怀："中日合办"汉冶萍公司，对双方说"所享之益尤大"，力请盛同意。3 月 28 日，盛宣怀复小田切，以股东们反对"中日合办"和"各国效尤"为理由，拒绝名为"中日合办"汉冶萍公司、实为吞并的妄图。

慑于日本的军事外交压力，5 月 25 日，北京政府外交部发出《关于汉冶萍事项之换文》，声明：中国政府因日本国资本家与汉冶萍公司有密切之关系，如将来该公司与日本国资本家商定合办时，可即允准；又，不将该公司充公；又，无日本国资本家同意，不将该公司归为国有；又，不使该公司借用日本国以外之外国资本。

---

① 以上参见李海涛、欧晓静：《清末明初汉冶萍公司与八幡制铁所的利益博弈》，第一届汉冶萍国际学术研讨会论文集，第 352~364 页。

　　至此，无论在民间商事层面，还是在国家政策层面，日本在汉冶萍公司攫取的权益均获得认可。它标志着自清末以来汉冶萍公司与日本制铁所的博弈，最终以日方的胜利而告终。

　　1915 年春夏间，为了既不"中日合办"，又能把汉冶萍维持下来，盛宣怀允许由梁士诒、孙多森所办的"通惠实业公司"出面以发行实业债票等办法，维持汉冶萍公司的运行。11 月 24 日，正金银行上海分行经理儿玉致函盛宣怀，说："日本绝不能承认贵公司与通惠公司结成关系。"

　　12 月 12 日，盛宣怀致函孙宝琦，坚信借内债"只要所借者不是外人，彼（指日本）断无阻挠之理"。

　　1915 冬，盛宣怀病情益重，不能起床，也不能管事。1916 年 4 月 27 日，盛宣怀在上海病逝，结束了他的汉冶萍与招商局等的实业生涯。

后　记

　　盛宣怀在"实业强国"的奋斗目标下，先后创办了仁济和保险公司与中国人自己办的第一家银行——中国通商银行。1916 年 4 月 27 日，盛宣怀走完了自己的人生。人们自然会关心它们之后的命运又是如何？

　　民国肇兴，中国通商银行成为纯粹的商业银行。时华大班陈笙郊、谢纶辉两人已相继去世，该行由谢纶辉之子谢光甫接任第三任华人经理，亦改称为总经理。傅宗耀（字筱庵，1916 年，傅与严子钧、虞洽卿、朱葆三等人集资在百老汇路创办祥大源五金号，傅任总经理，包揽招商局所需五金的业务。1926 年，傅宗耀靠军阀势力当上上海商会会长）采取投靠军阀，拉拢股东的办法，逐渐架空谢光甫，成为通商银行第四任总经理。此时，洋大班的权限，自 1912 年以后的 10 年中，已逐渐收回。

　　傅掌权后，继续投靠北洋军阀，以大量资金支持北洋政府。1927 年 3 月，北伐军到达上海，傅筱庵被通缉，逃往大连。后经虞洽卿等人的疏通，国民政府撤销对他的通缉，回到上海仍任通商银行董事长兼总经理。傅筱庵从大连回来后，通过财政部次长徐堪的关系，获得加发新钞的权利。1934 年发行额达到 2900 多万元，而现金准备加上保证金准备不过 900 多万元，现金严重不足。次年夏，上海发生挤兑风潮，该行现金空虚，应付为难，傅筱庵乞求徐堪帮助，结果正好落入圈套，国民政府当局随即授意杜月笙出面维持，同意由中央、中国、交通三家银行各拨款 100 万元解决通商银行危机。当中央银行 100 万元款项拨到后，一场风潮终于平息。

1927 年 6 月 7 日上午，通商银行召开董事会，互推杜月笙为董事长，傅筱庵改任常务董事。是年冬，国民政府实施法币政策，所有发行事宜，即遵令移交中央银行办理。

1936 年春，该行正式改组为"官商合办"银行，资本额增为 400 万元，原有私股 350 万元按 15% 折合成 52.5 万元，另由国民政府以复兴公债抵充，加入官股 347.5 万元。此后，中国通商银行即为蒋、宋、孔、陈四大家族所控制，与四明商业储蓄银行、中国实业银行、中国国货银行合称为"小四行"。

抗日战争爆发以后，该行为应付非常时局，特设上海分行，将原有总行机构自上海外滩迁至前法租界霞飞路(今淮海中路)办公，以谋相机内迁。原有东南各处业务，均遭停顿，先后撤退来沪，成立撤退联合办事处。1938 年 4 月，通商银行与四明、中汇两银行在香港设联合通信处，把一部分资金转移到香港，继续从事经营。1941 年 9 月，杜月笙派骆清华到重庆筹设分行。1943 年 6 月改渝行为总行，并先后在兰州、西安、洛阳、宝鸡、成都、衡阳、桂林等地设立分支机构，业务重心转移到大后方。与此同时，通商银行在上海的机构和业务，在太平洋战争爆发后不久，即由汪伪政府接管，汪伪政府另派张文焕为董事长、李思浩为董事，受伪中央储备银行的控制。

抗日战争胜利后，杜月笙、骆清华赶回上海，积极筹划恢复各处的接收清理事宜，同时将上海分行及所属沪区各支行先予复业。1946 年春总行由重庆迁回上海，并次第恢复了京、甬、杭、锡等分支行。但是，在国民党发动全面内战、经济濒临崩溃之际，银行正常业务难以开展，而杜月笙、骆清华等更是想方设法抽逃资金，因此，到上海解放前夕，通商银行除一些房地产以外，只剩下一个有名无实的空架子。

上海解放后，人民政府接收了该行的官股部分作为公股，并将该行改造为公私合营银行。1951 年 5 月，它和新华、四明、中国实业、建业等四行在金融业内率先组成联合总管理处。1952 年 12 月，其同上海其他 59 家私营银行、钱庄、信托公司一起组成统一的公私合营银行。

通商银行从成立到上海解放的 52 年间，其掌权人早期是创办人盛宣怀，中期是傅筱庵，后期是杜月笙，银行本身也经历了官控商办、商办、官商合办三个时期，但不管怎样，它开启了中国银行信贷事业的新时代，在中国金融史上占有重要的地位。

自 1886 年 2 月 8 日，正式开始营业的仁济和保险公司，之后成为当时国内最早、经济实力最大、最受业界信任的水火保险公司。辛亥革命后，公司受到重创。1927 年南京国民政府成立后，招商局的历史进入一个重大的转折时期。南京国民政府对招商局的政策十分明确，就是要将其逐步收归国营。1930 年 3 月 24 日，时任招商局总办的赵铁桥在上海被刺杀，进一步加快了招商局国营的步伐。三个月后，南京国民政府行政院正式下达命令，将招商局收归国营，理由是招商局"经理无力，腐败滋甚，濒于破产"，需要"根本改革"。据估算，至 1928 年，招商局各地房地产、码头、船舶等总值达 3101 万两，而 1934 年国民政府收购结束时，共用银不到 212. 7 万两。国民政府以不到十分之一的代价把中国最大的轮船企业收归手中，显然，如果不是利用政府权力在其中操作，是不可能做到的。

而与之密切关联的仁济和保险公司，至 1934 年 10 月，终因资金周转困难，而无法继续维持。①

盛承懋

2021 年 10 月 23 日

---

① 以上参见张晓等：《通商银行：中国人自办的第一家银行》，https://3g. 163.com/dy/article/FSELIHAM05507R46.html。

附录1 中国通商银行章程

光绪二十三年正月十九日（1897.2.20）上海

一、中国创设银行钦奉上谕，选择殷商，设立总董，招集商股，合力兴办，以收利权，系为通商兴利起见，因奉特旨开设，应即名中国通商银行，并拟请存官款，以示官为护持，与寻常商家自行开设银行不同，俾昭郑重，用垂久远。

二、原奏京外解拨之款，交本行汇兑，可以减省汇费；公中备用之款，交本行生息，可以有益回帑；各口岸、各省会及各国都会，均须设立分行，以便就近承汇领放。

三、本行奏明用人办事，悉以汇丰为准而参酌之，不用委员而用董事，不刻关防而用图记，尽除官场习气，俱遵商务规矩，绝不徇情，毫无私意，总期权归总董，利归股商，中外以信相孚，出入以实为重。

四、上海为总行，准于光绪二十三年春间开办；京都分行亦同时开设；此外，各口岸、各省会分行须次第开办，均各加一地名，如京都分行，即名为京都通商银行。惟各国都会则名曰中国银行。

五、各口岸、各省会及各国都会，本银行未经设立分行之前，应择该处公正殷实之行号，先行代为接转汇票。俟设分行后，即毋庸代理。

六、本银行资本规银五百万两，分作五万股，每股一百两。招股开办时，付银五十两，第二次续付银二十五两，第三次续付银二十五两，照有限公司例，每股付足银一百两，作为完全，以后毋（无）须再付。其第二、三次应付之银，亦须俟总董公议，加添之时先两个月登报知会，再行照付。如日后本银行生意兴旺，分行推广，于原股五百万两外，应再加添股份，由各总董议定，加添若干，先尽原股东股数照加；如不愿加，再另招新股。

七、先收股本规银二百五十万两。盛大臣认招轮船、电报两局华商股份一百万两；各总董认招华商股份一百万两；其余五十万两，应听各口岸、各省会华商投股。自登报之日起，上海本地以一个半月为限；各口岸、各省会以三个月为限；照西法先行挂号，限满截数。凡投股者准给股份数目；应听总董核给。至交股银，或就近交各处招商、电报两局代收，由该局先行出具收条，再寄由本总银行换给收单；抑或经寄上海本总银行交纳给单，均听其便；统俟股票填齐，再行换给。

八、本银行系奉特旨，招商合力兴办，公议拟请户部拨存生息公款二百万两，以示官商维系，取信中外。开办之初，先收商股二百五十万两，准领生息公款一百万两，余俟续收商股时，再请拨领。至生息年限章程，应俟盛大臣咨商户部，再由各总董会议请奏咨定夺。

九、本银行照西例，按六个月结帐（账）。股东官利，拟定长年八厘。如八厘之外盈余，即为余利，应由总董股东公议，先酌提公积若干及分给总、分各行董事人等酬劳若干，其余按十成分，计以八成分给股东，以二成报效国家，藉（借）答国家专准本银行行银票、铸银钱、存放官本、汇兑公款及一切保护维持利益。至公积，俟提至五百万两，应否停止，届时再由总董酌议办理。

十、总行实任总董拟十二人为度，除已选五人外，其余续添各董，仍须公正厚实，声望素著，招集巨股，为股商信服者，方可选立；并于实任总董之内，随时议举在沪熟悉商务三人为办事总董（或限定期日，或不限定期日）。一切总董办事会议章程、应有权柄，悉照西国银行规矩，详列条目，以资循守。

十一、本银行办法均照西国在中国所设之银行，故总行及京都并通商大口岸暨各国都会，均用西人为大班，生意出入银钱均归大班主政，买办辅之。遇有要事，应由总董会议签押，然后照行，以期周妥。将来中外分行广设之后，并须选派一精通商务体面西人为总大班，调度稽查各行之事。其余小口岸及各省会所设分行，均用华人经理，不派大班、买办。

十二、本银行既照西国法度，总董尽举华人，此外应请在沪之公正殷实、熟悉商情之西商两人为参议。遇有会商要事，应请西商参议一同会议，作为公正人，以期折衷至当，见信中外商家。

十三、大口岸、大省会分行，准在该分行本地选举认股最多者立为分董，专董本地分行之事，仍须总行各总董及股东公举。

十四、银行买办向归大班所用，本银行全属华股，总董全是华人，所有总、分行买办，应由总董公举，仍照西国银行之例，取具殷实人保单或保银存单，并议定办事权柄，订立条款，一存银行，一交买办，彼此执守。

十五、上海总行大班，已延定英人美得伦，系在汇丰银行数十年，熟悉中西银行生意；买办已延定陈笙郊，系钱业董事，声望素著，众所高推；仍照西例，分取荐保单存库。其应予权柄，各总董会议，给付单据。其本行应用洋人，归美得伦选荐；应用华人，归陈笙郊选荐；均须熟手，以专责成。

十六、西国各银行在中国地方存放银两，息分久暂，不过常年二厘至五厘为止，而放款、押款利息，每年六厘至一分二厘不等。其放款按拆息时日甚暂，其押款按时价折减甚多。本银行应照西国银行严谨办法，画一不二，不徇情面，必须有货物等件抵押，并有妥当人担保，方可押放，以期有利无害。

十七、本银行奏明准照汇丰印用银两、银元各票，凡各五种，计银一百两、五十两、十两、五两、一两；银元亦如之。京都、上海两行准先出票，照汇丰所出香港、上海票式办法，各照各处市面通用平色，如沪票至京行取用，京票至沪取用，亦悉照汇丰折算办法办理。其出票银数，总不逾实存银两之数。

十八、本银行代各省官司借贷银两，应照西例，由总行总董及总理洋人查明，须有抵还的款，方能议定订立合同，禀明户部批准立案，照汇丰银行代国家借款章程，印发借券，应收年息归行取付。

十九、原奏本银行准铸银钱，应俟总银行开后总董会议请由盛大臣奏定章程办理。

二十、上海拟设商会公所。凡有铁路、轮船、电报、金矿各项公司，均在商会之内。所有铁路、电报、金矿各处款项，凡与本银行往来者，一切悉照章程，毫无偏畸。

二十一、汇丰银行开办之初招股一千万元，股东亦系分期限收现。查光绪二十二年结报，除历年分利外，已积存公积六百万元；保险二十五万元；发出通用银票九百余万元；各处存款六千一百三十七万余元；存金约五千七百十九万余元；汇单一千四百八十万余元。现计每股本银一百二十五元，股价可售三百七十五元，已加至二百五十万元之多。可见银行之得利，全在管事之得人。今中国开办银行，无论现下将来管事一切人等，必须无官场习气，熟悉商务之人，方可得力。

二十二、本银行每届半年，须将一切款项核结清楚；照汇丰办法，由总理洋人刊印总册，分送各股东及公家存查。至刊送，以结账后三个月为限，不得再迟。

以上章程二十二条，系各总董参酌汇丰银行章程，公同议拟大概办法，虽由盛大臣核定，其全详细条款，应再由各总董详细会议开办。

光绪二十三年(1897)正月。

银行总董：张振勋(弼士)、叶澄衷(澄衷)、严信厚(小舫)、杨文骏(彝卿)、刘学询(慎初)、严潆(芝眉)、陈猷(辉庭)(严芝眉病假派令代理)、杨廷杲(子萱)、施则敬(子英)、朱佩珍(宝珊)。①

---

① 参见陈旭麓等主编：《中国通商银行》，上海人民出版社 2004 年版，第56~60 页。

附录2 中国通商银行总董条例

光绪二十三年二月二十二日（1897.3.23）上海

总董条例

一百、本银行于光绪二十二年十月初八，奉谕旨责成盛大臣选择总董。故盛大臣遵旨选派以下八位为初次及现时之总董：张振勋、叶澄衷、严信厚、施则敬、严潆、朱佩珍、杨廷杲、陈猷。

一百○一、以上八位总董办事至章程签字日之后股东第一期会议为止，两位必须退位。如果称职者，股东可再公举，如条所载。

一百○二、每年股东会议，诸董之中两位必须轮流退位。如果彼此在位先后同期，又无议定，则以执筹而定去留。

一百○三、如总董中不论何故，空出一席，其余各董可选一人以补其缺，直至下次股东议事时，即须退位。如果其人称职，可以公举为总董。

一百○四、总董至多十二位，每人名下必须有股至少一百股，方许接任。

一百○五、章程已成之日后，公举新董或重举退位旧董，悉由股东会议作主。

一百○六、不论何董，如有辞职，须将辞职之意函达余董。

一百○七、欧亚银行向有官府查账。中国现无商部衙门，自应暂举

督办一人，以资督察。此督办应由股东会议公举，须有资望，亦有经招
股份在二千股以上者，议定三年为一任，三年期满，督办照章告退，即
由股东仍前公举，签字后由总董转禀总理衙门立案。如果前督办称职，
股东亦可再行公举，仍以三年为任满。

以上章程，悉由各总董奉盛大臣命所订定。本银行股东必须遵守。
意欲有凭。所有初次及现任总董于此签押盖印为据。光绪二十三年二月
二十二日立。①

---

① 参见陈旭麓等主编：《中国通商银行》，上海人民出版社 2004 年版，第
63~64 页。

附录3 盛宣怀与金融、保险相关的
主要经历

（自 1844 年至 1916 年）

1844 年

11 月 4 日，在江苏武进出生，字杏荪，又字幼勖，号次沂、补楼、愚斋，晚年号止叟、思惠斋、孤山居士、须磨布衲、紫杏等。

1846 年

英国永福人寿保险公司进入中国。

1847 年

英国丽如银行的前身为西印度银行，总行设于印度孟买，1845 年改名为东方银行，总行迁至英国伦敦，1847 年在上海设立分行，是上海最早出现的一家银行。

1865 年

太平天国失败的第二年，盛康安排盛宣怀回常州老家抓紧读书，一旦乡试恢复，即可及时应考。当年，盛康又在苏州置办了部分房产，打算退休之后在苏州定居，于是又让盛宣怀到苏州，一边读书，一边负责房屋修建之事。

是年麦克利从英国筹得巨资来沪创建汇丰银行，委任王槐山为汇丰银行的第一任买办。

1867 年

祖父盛隆去世，盛康扶柩回籍。盛宣怀乡试落第，意颇怏怏。盛康家居守制，一意为惇宗睦族之事，设义庄，增祭田，建义学，修宗谱，盛宣怀对此也都参与规划。

1868 年

7 月，盛家与顾文彬等合伙的第一家典当行"济大典"在吴县（今苏州）开张，没想到生意好得出奇。典当行刚办的时候，顾文彬还在宁绍台道员任上，盛康也在杭州任上，典当行的日常管理由顾文彬的儿子顾承与盛宣怀负责。

1870 年

春，杨宗濂荐盛宣怀入湖广总督督办陕西军务李鸿章帐下，行营内文案，兼充营务处会办，后奏调会办陕甘后路粮台淮军营务处。

下半年，盛宣怀已进入李鸿章幕府，他将主要精力放在李鸿章交办的事上，苏州、常熟典当行的生意，通过自己委派的人来办理，实际上仍掌控着典当行的局面。

1872 年

4 月，李鸿章命盛宣怀会同浙江海运委员朱其昂等拟订轮船运营章程，呈交江、浙督抚，他们也交相赞成，此为轮船招商局第一个章程。

8 月，朱其昂等拟定的《轮船招商节略并各项条程》，共 20 条，其中明确提出："商局轮船先向外国保险，倘外国不肯保险，准由机器局或商局自行保险。"

1873 年

李鸿章的直属下级丁寿昌奉命同唐廷枢、朱其昂、盛宣怀等到天津筹议轮船招商局商股商办事宜。商局第一期计划招股 100 万两，实际只收到 18.8 万串，折合规银 12.3 万余两。

为了实现招集商股的目标，盛宣怀认领了 50 万串商股，他先后两次到苏州与常熟，从他与顾文彬等合开的典当行中去提款，至上海轮船招商局去参股。

1874 年

4 月 8 日，贝锦泉来函推荐英国友人法乐，意欲任招商局保险行掌管，倘保险行不能，或当招商局总管各轮船之主事务亦可。盛宣怀亲笔批道："招商局总管拟用华人，保险局事，须俟秋中方有就绪，届时再当奉闻。"

是年，李鸿章让盛宣怀将购买铁甲船的巨款，总计 80 万串（合白银 54 万两）存于苏州的典当行。顾文彬也是典当行的股东，唯恐因战争爆发，所领的巨款立时要提，典当行有崩盘之虞。此外李鸿章准允轮船招商局从直隶练饷局借用官款 20 万串（合白银 13.5 万两），年息 7厘，除预缴利息外，实领 18.8 万串，盛宣怀将这些巨款也存于典当行，并以 1 分或 1.2 分的年息转放获利，顾文彬对此举很不放心。

1875 年

4 月 1 日，轮船招商局的福星轮在黑水洋面被怡和洋行的澳顺轮撞沉，法庭判招商局胜诉，但实际损失巨大。

11 月 4 日，轮船招商局在《申报》上刊登了《招商局告白》，落款则为"保险招商局公启"，标志着保险招商局的正式创办。

1876 年

1 月 17 日，典当行终于拆账，顾文彬、李鸿裔、吴云的股份与盛氏分开，济大典成了盛宣怀独资开设的第一家典当。

7 月 3 日，《申报》刊登了"仁和保险公司公启"，即仁和保险公司的招股公告。

12 月 28 日，沈葆桢在病榻上接见了盛宣怀、朱其昂、徐润等招商局主事人。盛宣怀请沈支持商局并购旗昌船产，沈毅然同意筹借官款 100 万两予以支持，为并购旗昌打下了基础。

1877 年

1 月 2 日，与旗昌订购买其船产之约。核价定议，共计轮船栈房及各处码头规银 222 万两。

6 月，禀沈葆桢云：招商局蒙宪台奏请拨款官商合办，利害共之，大局转移在此一举，此后责任更重，不敢稍存恋栈之心，重速素餐之谤，仰恳批准销差，俾得专心开采免致兼营两误。呈请添派大员督办以一事权。

1878 年

1 月，拟《整顿轮船招商局八条》：一、官本应分别定息也。二、轮船应自行保险也。三、船旧应将保险利息摊折也。四、商股应推广招徕也。五、息项应尽数均摊也。六、员董应轮流驻局经理也。七、员董应酌量提给薪水也。八、总账应由驻局各员综核盖戳也。

4 月 17 日，济和保险公司开始营业，其股本为 20 万两，以堆栈保险业务为重点。

1879 年

5 月 13 日，《申报》刊登《济和船栈保险局支利》公告："启者本局济和保险应支周年利息，今于肆月初一日支取。请在股诸君届期持票来局补折取利可也。谨此布闻。"

1881 年

9 月 2 日，再向李鸿章禀：湖北矿务开局以来，收支尚不敷钱六千四百二串二百六十七文，统由盛尽数垫赔，历经造具清册详报在案。

1882 年

4 月 18 日，电报局改为官督商办后正式面向社会公开招股。此次计划招股 8 万两，以 100 两为一股，其中 6 万两用于归还官款。

7 月始，仁和保险公司合并了保险招商局。

1883 年

年初，金嘉记丝栈倒闭，亏欠 40 家钱庄白银 56 万两；年中，轮船招商局会办徐润投资房地产和股票失败，无法偿还 22 家钱庄 100 多万两白银；年末又传出"红顶商人"胡雪岩的产业崩溃的消息，从而彻底引爆了这次金融危机。

11 月，招商局受世界经济危机影响，亏欠巨大。李鸿章决定对招商局进行查处，委派盛宣怀到招商局维持一切，委以盛宣怀"妥筹整顿、定立规条、认真率循、禀候核办"的重任，盛宣怀重返招商局。

1884 年

7 月 31 日，中法战争中，马建忠将招商局各码头局栈轮船全盘售与美国旗昌洋行，以便船照常行驶，得到盛同意。但只有杜卖明契，未立买回密约。

1885 年

1 月，徐润、张鸿禄由于亏欠招商局款，一并革职。

2 月 4 日，基于湖北煤矿亏款，自认赔贴制钱一万串，这样连同垫用制钱六千四百二串二百六十七文，共赔一万六千四百二串二百六十七文。

6 月 22 日，李鸿章上《议展朝鲜电线折》，同意贷款 10 万两给朝鲜作为电报建设经费。贷款分 20 年归还，免计利息；款项还清以前，朝鲜电报线由中国电报局代管。1885 年底，架线工程全部竣工。这可以看做中国历史上最早的一次对外国用于基础设施建设的无息贷款。

7 月 28 日，招商局向汇丰银行订借款 30 万英镑合同，借款主要用于向旗昌赎回船产。

8 月 1 日，受命任轮船招商局督办。

同日，订立招商局向旗昌洋行赎回局产契约。因售与旗昌时未立买回密约，盛宣怀费很大气力才将其赎回。

是年，拟招商局《理财十条》。

1886 年

年初，仁和与济和两保险公司召开董事会，经协商，决定将仁和、济和合并为“仁济和保险公司”，资本金为 100 万两，并重新推举 8 名董事。

6 月，经盛宣怀批准，动用招商局仁济和保险公司资金 30 万两，投资开平矿务局，限定分年带利归还。

7 月，简授山东登莱青兵备道兼烟台东海关监督，这是正任道官之始，但仍以办轮、电事居多。

12 月 8 日，李鸿章来函，同意内地设小轮船，美其名曰“内地华民轮船”。

12 月 19 日，致东抚张曜函，告以到烟台后即募匠试铸银元，说是“总以钱可适用银不亏耗为主”。两年后打算大批铸造钢模，李鸿章指示此事“造端宏大”，缓办。

1887 年

1 月 22 日，仁济和保险公司资金存轮船招商局 60 万两，投资开平矿务局 30 万两，其余 10 万两存各家银行。

2 月，与马建忠禀山东巡抚张曜发展山东内河小轮，得到批准。随后山东内河小轮通航。

7 月，替李鸿章起草《致驻美公使张樵野函》，目的是商讨中美合作官办银行的事宜。

是年，美国米建威来华议及办银行事。盛宣怀等作为李鸿章的代表同米建威谈判。其中关于银行事，米建威企图独办，盛宣怀坚持中美合办。

1888 年

2 月 14 日，仁济和保险公司资金存轮船招商局 50 万两，其余存于各家银行和开平矿务局。

9 月 10 日，台湾船舶公司合于招商局。

1889 年

1 月 30 日，仁济和保险公司资金存轮船招商局 30 万两，其余存于各国银行及开平矿务局。

6 月 6 日，台湾抚院咨北洋大臣：台湾商务局前经招集股银三十三万两，台林绅认招三分之一，招商局盛认招三分之二，购"斯美""驾时"快轮两号。台船公司与招商局"外合内分"，按外合内分原则拟定《台船大略章程》十条。

12 月上旬，与张之洞会晤于上海，谈关于创办汉阳铁厂事，盛拟订创办铁厂章程，主张商股商办。与张之洞的官办主张相左。

1890 年

3 月 16 日，张之洞致李鸿章函：盛道前在沪具一禀，所拟招商股办铁厂办法与鄙见不甚相同……商股恐不可恃，且多胶葛。

10 月，仁济和保险公司将公积金 30 万两，投资上海机器织布局。

1892 年

6 月，从登莱青兵备道调补天津海关道兼海关监督，7 月到任。沈毓桂贺诗六章，说天津为"运筹帷幄之地"，"上佐爵相调剂中外之情"，"得心应手，固应裕如"。

1893 年

1 月 12 日，致函厦门招商分局王叔蕃，欲在厦埠设立码头及创设泉、漳两郡民轮驳船，发展那里的内河航运。

1 月 15 日，郑观应拟整顿招商局诸条，主要内容是开源节流，盛逐条加批语，多数同意郑的意见。

10 月 19 日，上海机器织布局厂被焚，损失惨重。李鸿章以洋货纱布进口日多，此举断难停缓，亟应在沪号召华商另设机器纺织厂，以敌洋产而保权利。社会公认盛宣怀的财力、身份、势力最适宜担当织布局的规复之任。

11 月 26 日，接到规复上海机器织布局札委。

12 月 8 日，自津抵沪，暂寓上海电报局，从事规复织布局重任。

与原织布局总办杨宗濂等协商，结束前账，招股集资，很快有了头绪。

改"局"为"厂"，命名为"华盛纺织总厂"，又劝告华商分设大纯、裕源、裕晋等纺织厂，下分十个分厂。李鸿章奏请以盛宣怀为督办。

1894 年

年初为筹建华盛纺织总厂，从仁济和保险公司"凑成三十二万附入"。

9 月 16 日，华盛纺织总厂投产。

1895 年

5 月 8 日，请户部速开招商银行，归商办而官护持之。

5 月，上北洋大臣王文韶书：拟在烟台利用当地丰产葡萄的资源建一葡萄酒厂，名曰张裕公司。粤侨张振勋为主要投资者。请专利三十年。免税厘三年。不久被批准。

1896 年

2 月 23 日，张之洞有意要盛承办铁厂，盛电告张之左右手恽莘耘表示：愿承办铁厂，拟于下月送李鸿章出洋后，到鄂勘议。如张之洞意定，必当竭力为国家筹计远大，决不存丝毫私见。

7 月 23 日，盛宣怀致电王文韶、张之洞："新加坡领事张振勋来函，伊愿来沪与宣面商铁路事件，已向龚使（照瑗）请假，尚未奉准，请代设法。张实为南洋华商巨擘，张来则从者必多，可否乞宪台电咨龚使，准即调回中国，面筹路事，愈速愈妙。"

7 月 27 日，禀王文韶、张之洞：铁路之利远而薄，银行之利近而厚。华商必欲银行铁路并举，方有把握，如银行权属洋人则路股必无成。闻赫德觊觎银行，此事稍纵即逝，也即"银行铁路应一气呵成"，将铁路、银行统于一手。

8 月，向清政府提出开办银行的意见，认为开银行可以流通上下远近之财，振兴商务，为天下理财一大枢纽，故欲富民必自银行始。

同月，写《铸银币意见》，认为：铸一两重的银元可以"徐禁他国银币不准通用，实系塞漏卮之一端"。

9 月 2 日，张之洞向清廷推荐，说由盛宣怀督办铁路最为适当，因盛兼商业、官法、洋务三者之长。

9 月，奉上谕："王文韶、张之洞会奏请设铁路总公司，并保盛宣怀督办一折，直隶津海关道盛宣怀著即饬令来京，以备咨询。"随即遵旨入都。

10 月 19 日，皇上召见，奏对关于南北铁路事。盛敷陈大指，皇上深维至计。

10 月 20 日，奉命：直隶津海关道开缺，以四品京堂候补督办铁路总公司事务，并被授予专折奏事特权。

10 月 30 日，被授予太常寺少卿衔。

11 月 1 日，上《条陈自强大计折》，陈练兵、理财、育才三大政，及开银行、设达成馆诸端。

11 月初，上奏《请设银行片》，说银行流通一国之货财，以应上下之求给，比之票号、钱庄要好。英、法、德、俄、日本之银行推行来华，"攘我大利"，近年中外士大夫亦多建开设银行之议。现又举办铁路，造端宏大，中国非急设银行不可，否则"无以通华商之气脉，杜洋商之挟持"。

11 月初，上奏《请设学堂片》，拟以上年津海关道任内所办北洋大学堂为楷模，在上海筹办南洋公学。

11 月 12 日，电告王文韶、张之洞：今因铁厂不能不办铁路，又因铁路不能不办银行。这就要铁厂、铁路、银行三者一手抓。

11 月 16 日，驰抵天津，与直督王文韶议设立铁路总公司于上海，天津、汉口设分局。

11 月，筹办成立中国通商银行，先集商股二百五十万两，招商局集八十万两。

1897 年

1 月 13 日，寄翁叔平、张樵野：争取官股办银行。

1 月 21 日，请户部发官款二百万两，存放于新办的银行，外人知有官款在内，足以取信，可与中俄银行争衡。

1 月 27 日，报告清廷，银行名称公拟"中国通商银行"。

1 月，铁路总公司成立于上海。奏明先造卢汉干路，其余苏沪、粤汉次第展造，不再另设立公司。时各国商人先谋入股，继谋借款包揽路工。而京外绅商亦竞请分办他路，实则影射洋股与借名撞骗者各居其半。盛宣怀一律驳置不理，坚持先尽官款开办，然后择借洋债，再集华股，坚决反对招洋股。

5月27日，"中国通商银行"上海总行开张。此后，天津、汉口、广州、汕头、烟台、镇江等处分行陆续开设。京城银行本年亦已开办，他认为今后自王畿以迄各通商码头，血脉贯通，或不尽为洋商所把持。

11月23日，函告王文韶：反对容闳办津镇路，说若清江别开一路，则东南客货均为所夺，卢汉路将来断不能集华股还洋债，卢汉一路必致停废无成。

1898 年

2月，自德占胶州湾后，俄占旅顺，法窥琼州，日图福建，英亦有图扼长江之谋，瓜分危机严重。盛上奏陈述危急形势之后，建议粤汉路自办。

同月，与比签订的卢汉铁路借款草约，因胶州之疫情势变迁，比欲翻议；借口东线将筑津镇路，延不交款，多方要挟。盛乃以卢汉、粤汉均将改用美款以慑之，几经磋磨，续议条件，并允加息，始未悔议。

同月，奏陈筹办中国通商银行次第开设情形，请饬下户部通行各省关，嗣后凡存解款，但系设有该银行之处，务须统交该行收存汇解，以符事体，而树风声。5月20日奉朱批："户部速议，具奏。"旋即分别议准。

6月11日，光绪帝下诏"明定国是"。戊戌百日维新从这一天开始。

6月12日，奉旨饬令各省会地方设立商务局，局为官设，不用商董。

7月28日，奉上谕旋即赴津督催卢汉北路工程。

8月10日，复陆伯葵：朝廷锐意求治，第一在知人用人，否则虽百变其法，而一效难收，甚至求治太急，转为流弊。认为中国根本之学不必更动，只要兵政、商政两端，采取各国之所长，厘定章程，实力举办，"此即足食足兵之道，无他奇巧"。这与康、梁领导的变法主要目标是实行君主立宪的民主政治相背。

8 月 11 日，卢汉铁路比国借款合同在上海画押。

9 月 21 日，戊戌维新失败。

11 月 18 日，上庆亲王：铁路应归商办。一归商办，可由中国造路公司与外国借款公司订立合同，准驳之权仍归政府，可消除许多后患。

11 月，赴鄂，督催滠口至信阳路工。

12 月 7 日，上南洋大臣刘坤一书，对英提督派人在长江练兵持不同意见，说：默念我全国为他人所困，几无自主之权，"若再不自整军政，恐一国创代我练兵之议，各国踵之，且各就其阳为保护，阴实占割之地"。若使数强国分地代练，是"于路权利权之外，又益之以兵权，愈不可以收拾矣"。

12 月 7 日，与日本订购淡水海线合同，议定英洋十万元。

1899 年

4 月 7 日，与日本制铁所长官和田签订煤铁互售合同。向日本买煤每年三四万吨，供应日本每年五万吨铁矿。以十五年为期。张之洞对此提出异议。

8 月 6 日，复陈清政府，轮船、电报两局接办十三年半结存公积银九十万七千余两，以此添置轮船十三只，栈房二十七所之用，尚不敷银三十五万六千两。

10 月，奏递练兵、筹饷、商务三十条。军机大臣面奉谕旨："各口关税，如照现在时价核估，所增税项，实为筹款大宗。著盛宣怀、聂缉椝会同赫德查照条约，迅速筹办。"

11 月 22 日，给清廷上书：中国矿产至富，大利未收，烟煤焦炭用途最广，而东南各省多待济于日本，致使汉阳铁厂、轮船、纺织各厂局，成本加重。各国讲求商务，总以出口之货抵入口之货为第一义。故宜大力自办煤矿，用先进技术开采。

是年，向德国礼和洋行借四百万马克，以加速萍乡煤矿开采的建设，以招商局财产作押。

1900 年

6月21日，与日本签订煤铁互售合同第一次续订条款。

7月13日，委托驻美公使伍廷芳与美国合兴公司订《粤汉铁路借款续约》。

8月14日，八国联军攻陷北京。慈禧太后、光绪皇帝和一部分王公贵族仓皇出逃。

8月29日，与日本签订煤铁互售合同第二次续订条款。

1901 年

1月5日，被派充会办商务大臣(商务大臣为李鸿章)，驻沪。

2月19日，张翼(燕谋)出卖开平矿权与英，本日签订移交合同。

10月1日，被授予办理商务税事大臣。任务是议办通商各条约，改定进口税制。清廷命一切事宜，就近会商刘坤一、张之洞，妥为定议；税务司戴乐尔、贺壁理，均着随同办理。

12月11日，受命着手办理商约谈判事宜。稍后清廷添派吕海寰为商约大臣，名列盛宣怀前。

12月12日，与英、美所派商务大臣议约专使晤谈。

1902 年

1月8日，慈禧太后、光绪帝回到北京。

2月20日，被授为工部左侍郎。

3月10日，开用"钦差办理商约事务大臣关防"。

4月，与商约大臣吕海寰会奏请减轻茶税。

7月1日，与吕海寰偕英使马凯由沪启程赴宁、鄂与刘坤一、张之洞晤商商约事。

7月8日，电外务部：葡萄牙索造铁路，意在推展澳界，图占香山，如不允所请，只能由葡借款筑造作为中国支路，并须订立合同以清界限，而保主权。

10月21日，电外务部请统一规划铁路：各国铁路皆由自主，中国穷于财力借助外人，应先定干路若干条，由国家借款兴造。其余支路应准华商筹款接造。

10月24日，父盛康去世。电请开去各差缺，俾安心守制。旋奉谕旨："卢汉、粤汉铁路总公司及淞沪铁路筹款、购地、买料、修工事宜，仍着盛宣怀一手经理。"张之洞复力陈铁路不可易人。三辞不获。事实上其他一些差缺并未开去，改为署任。

10月，在上海设立商业会议公所，遴派总董，联络商情，调和于商与商、官与商之间，以便统一对外。

同月，派湖北铁厂总办李维格带洋工程师去日本，转赴泰西各国参观有关工厂，究其工作精奥之大端，借他山之石以攻玉。

11月12日，听说轮、电两局将派张翼为督办，认为如果这样，厂矿必致受挤。

11月，袁世凯到上海乘吊盛康丧之机，与盛宣怀面谈轮、电二局事。盛答："船宜商办，电宜官办。"

1903 年

1月15日，清廷派袁世凯为电务大臣，原直隶布政使吴重憙为驻沪会办电务大臣。

2月，去招商局督办职，袁世凯亲信杨士琦为总理，徐润为会办。

2月4日，中国通商银行发生史上伪钞第一案。

3月29日，吴重憙正式接办电报局。

4月，奉上谕："随同袁世凯、张之洞、吕海寰、伍廷芳会议商约事宜"，实际仍由吕海寰、盛宣怀二人具体负责。

10月4日，电外务部：反对奥、法吞并中国通商银行的企图。

10月8日，美国商约定议，遵旨在上海会同美国代表画押。同日，日本商约定议，在上海会同日使画押。

1904 年

1月15日，与日本小田切订大冶购运矿石预借三百万元矿价正合同。以冶矿等物产作押。

5月10日，电外务部：币制必须自主，外人不得干预，以尊主权而免攘利。

5月，收回粤汉铁路权的呼声甚高，赴江宁与张之洞、魏光焘商议美国合兴公司废约事。

7月2日，电告外务部：各国公司每于合同夹缝中力争权利，稍一放松，则数十年吃亏无尽，必须警惕。

8月，严办中国通商银行镇江分行金融贪污大案。

11月11日，与葡萄牙签订通商条约。

1905 年

6月，密陈整顿卢汉铁路办法三端，其中着重谈了收赎问题，说借款还清，合同即废。

9月，奉谕旨：粤汉铁路废约事，责成张之洞、梁诚一手经办，盛宣怀不准干预。

同月，与德国使者在上海开议商约。

1906 年

2月13日，与日本三井洋行订一百万元借款合同，以汉阳铁厂物产作押。

2月，侨商徐锐向清政府提出建议，要求委派其(自费)出洋考察商务，招股集资，开设包括中国振兴商业保险大公司在内的各种专业公司。

3月，报交卸铁路差使，裁撤上海总公司。督办铁路总公司事至此结束。

同月，清廷责成盛与英商磋商，废苏杭甬铁路草合同，务期收回自办。

9月，续请汉阳铁厂免税展限十年。（1896年张之洞奏请获准免税五年，1901年盛请准展限五年，此为第二次展限。）

是年，亲笔拟《轮船招商局节略》，回顾了自己经办30年的成绩和功劳，揭露袁世凯接夺商局后经营腐败情形。

1907 年

2月，徐锐奉清政府农工商部之命，第二次赴南洋诸岛招募资金，用以建立振兴商务大公司。

4月22日，为替张赞宸追索人寿保险金，致函感谢永福人寿保险公司。

5月1日，与日本大仓组订借日金二百万元合同，以萍矿财产作押。

10月，李维格从国外考察回来后，解决了铁厂钢质含磷太多易裂的问题。

12月14日，向汉口正金银行借款三十万日元。

1908 年

3月9日，被授为邮传部右侍郎，管摄路、电、航、邮四政。

3月11日，谕令仍以商约大臣原差赴沪。

6月13日，向横滨正金银行借日金一百五十万元，以汉冶萍矿山等作押。

6月，邮传部奏请将电报商股由部备价赎收，股东以部定每股一百七十元收赎太苛，拒不允，相持不下。盛宣怀以"上尊国体，下恤商情"规劝双方，最后盛以拥有九百股的大股东，带头集股票，按每股一百七十五元先缴，始得解决，收归官办。

9月2日，奏请给假赴日本就医，兼考察钢铁厂矿和银行各业。

9 月 14 日，在日本参观访问后，初步与人谈其感受，说日本币制改革和立宪优点不少。

10 月 15 日，日记中谈及外国办旅游事业财政收入很大的问题，意思是中国应该仿行。

11 月 5 日，听说光绪帝、慈禧太后先后去世，本日在日本神户"率同领事馆等举哀成服"，随后即乘轮回国。

11 月 7 日，清政府正式批准"汉冶萍煤铁厂矿有限公司"成立，确定公司设在上海，由盛宣怀负总责。"汉冶萍"堪称"中国钢铁工业的摇篮"，也是当时亚洲最大的钢铁联合企业。

11 月 14 日，汉冶萍公司向横滨正金银行借日金五十万元，以汉冶萍矿山等作押。

11 月 25 日，从日本返抵上海。在日本两个月余，参观了那里的煤铁厂矿和银行、制币局，乃至文化教育等。

1909 年

1 月，靠逢迎慈禧太后出卖戊戌维新派起家发迹的袁世凯，被撵回河南老家"养疴"。盛宣怀乘机进行夺回被袁夺去的招商局的工作。

3 月 21 日，汉冶萍公司向汉口正金银行借款五十万两，以汉冶萍公司汉口地产作押。

4 月初，上《推广中央银行先齐币制》一折，附陈各种办法成式，及币制统归银行主办等条议。

8 月 15 日，轮船招商局在上海召开股东大会，选举董事会，被推为董事会主席，将被夺的招商局又夺了回来。

8 月 18 日，电邮传部、农工商部：因现官邮传部右侍郎，而被商举招商局董事会主席，似不合体制，辞。但清政府破例同意盛宣怀任招商局董事会主席。

1910 年

5 月 3 日，与人书云：袁世凯"颇不吝赏，惜皆援引私人。倘能化私为公，其凌厉无前之概，何难措天下于治乎！"这表明盛、袁间的矛盾是较深的。

5 月 8 日，函致孙宝琦说明自己大半生建树，说中国"有十个盛杏荪"就好了。函中说："创轮船与各洋商争航路；开电政阻英、丹海线不准越中国海面；建纱布厂以吸收洋纱布之利；造京汉以交通南北干路；恢张汉冶萍，以收钢铁权利……冒奇险而成兹数事。私乎公乎？……试问天下有十个盛杏荪，实业便有数十件。可惜天下人才莫不鉴其吃亏，苦太甚，俱各援以为戒，竟无一人肯步其后尘！"

8 月 17 日，到京，召见三次，博询时局要政，旋奉旨饬令赴邮传部右侍郎本任，并帮办度支部币制事宜。

9 月 10 日，汉冶萍公司向正金银行借日金一百万元，以汉冶萍公司矿山等物产作押。

11 月 17 日，汉冶萍公司向横滨正金银行借日金六十一万余元，以汉冶萍公司等物产作押。

1911 年

1 月 6 日，被授为邮传部尚书。（盛替代袁世凯的亲信唐绍仪为邮传部尚书。李鸿章之子李经方为左侍郎，吴郁生为右侍郎。）

3 月 31 日，汉冶萍公司向横滨正金银行借日金六百万元。

从 1908 年春汉冶萍公司成立后至今三年间，向日本借款共约一千二百万元有余，均附苛刻条件。

春夏间，与日本举行汉冶萍公司一千二百万元借款谈判，以便发展公司生产，并将自己在公司中的大量投资收回一些。为了不受日本过多的苛刻条件，盛做出同时向其他国家借款的姿态。受保路风潮等影响，借款谈判暂搁。

5 月初，复陈铁路明定干路支路办法，认为其要尤在干路收归国有，迅速筹办支路。

5 月 8 日，清内阁改制，"皇族内阁"成立。盛宣怀被留任简授为邮传大臣。所有内阁总协理大臣及各该大臣均为国务大臣。

5 月 20 日，遵旨接办粤汉、川汉铁路，接议英、德、法、美各银行六百万英镑借款合同，本日定议签订。干线国有与这次借款，引起川、粤、两湖保路风潮。

夏秋间，从四川开始的保路风潮兴起后，广东、两湖也随之继起，清王朝处于风雨飘摇之中，保清派人士群起攻击盛宣怀。盛乃成为众矢之的。

10 月 10 日，武昌起义爆发。随之各省相继宣布独立。

10 月 26 日，清王朝为平息众怒稳住统治，将盛宣怀作为替罪羊革职，永不叙用。

10 月 27 日，清廷任命袁世凯为钦差大臣节制鄂省水陆各军。

1912 年

1 月 1 日，中华民国政府在南京成立。孙中山出任临时大总统。

逃往日本的盛宣怀，关注国内政局，也关心他多年经营的轮船招商局和汉冶萍公司等企业。

1 月中旬，南京临时政府财政极为困难，拟以汉冶萍公司财产作抵押，向日本筹借款项，或用中日合办形式，以解燃眉之急。临时政府派何天炯为代表赴日，通过王勋（阁臣）将用汉冶萍公司筹款事告盛，盛在"义在容辞"的答话之余，提出"或由公司与日商合办"的意见，并云："合办以严定年限、权限为最要，免蹈开平覆辙"。

1 月 17 日，孙中山通过他的代表告盛："民国于盛并无恶感情，若肯筹款，自是有功，外间舆论过激，可代为解释。惟所拟中日合办，恐有流弊"。至于盛氏被没收的财产，"动产已用去者，恐难追回；不动产可承认发还"。

1 月 26 日，日本代表小田切说汉冶萍公司已无财产，不同意贷款，只能华洋合办。本日上海三井洋行与民国政府签订中日合办汉冶萍公司草约（称"宁约"）。

1 月 29 日，小田切在神户将中日合办汉冶萍公司合同，交盛宣怀草签（称"神户约"）。

2 月 12—13 日，清帝下诏宣布退位；袁世凯声明赞成共和；孙中山向参议院辞职推荐袁为临时大总统。

2 月 23 日，孙中山来函："执事以垂暮之年，遭累重叠，可念也。保护维持，倘能为力之处，必勉为之。现在南北调和，袁公不日来宁，愚意欲乘此机会，俾释前嫌，令执事乐居故里。"

同日，孙中山下令废除中日合办汉冶萍公司草约。这时用招商局财产向日本筹款一千万元，亦未能成功。

3 月 10 日，袁世凯在北京就任临时大总统职。

3 月 13 日，致张仲炤函："民国政府力摧实业公司，汉冶萍、招商局几乎不能保全"，"故我辈不可不以保持已成为己任"。

3 月 15 日，孙中山来函："实业以振时局，为今日必不可少之着。执事伟论适获我心。弟不日解组，即将从事于此。执事经验之富，必有以教我也。"

3 月 18 日，致杨士琦函：在汉冶萍中日合约上"弟幸未签字盖印"，且于公司草合同末条声明：俟民国政府核准后，须股东会议决"方能知会日商。舆论哗然早在意中"。

3 月 22 日，汉冶萍公司召开股东大会，取消中日合办草约。

3 月 30 日，致孙中山函："钢铁关系自强，需本甚巨，华商心有余而力不足，恐非政府与商民合办不能从速恢张，以与欧美抗衡也。"

4 月 1 日，孙中山正式辞去临时大总统职。

6 月 7 日，致郑观应函，商量出售招商局事，说如能做到每股二百两，必当厚赠。

8 月 16 日，袁世凯政府拟收招商局归国有，实际上仍是夺盛宣怀所控制的局权。盛于本日致函郑观应，要他联合粤股并会合各省股东"为阅墙御侮之计"，以反对袁政府的国有企图。

8月18日，致上海张仲炤函，主张招商局先设股东清算所，结成团体，自行组织，以期做到旧局翻新，不售不租，而坐得八百万新股票。他认为这样做，不数年必又大获其利。

9月9日，孙中山应袁世凯之邀于8月24日抵京。本日孙被特授为筹划全国铁路全权。

9月19日，致孙宝琦函：闻孙中山总理各省铁路，"其政策与下走不谋而合。惟其念太奢，恐更无骤"。

9月29日，致孙中山函："大驾到京，宏议铁道，所到之处，实业发达，尤为文明之代表。"

10月间，自日本回到上海。

11月30日，致吕幼舲函："弟一年流离，归国后田园荒芜，家产损失。人欠我者，无可讨索；我欠人者，刻不容缓。所谓穷得不干不净。"

1913 年

2月18日致吴蔚若函："归国后故园独处，书画自娱，如梦初醒，不欲知秦汉以后事。惟民穷财尽，实业如航业、铁业已成之局，似不难于保守。乃因董事不得其人，内外交讧；股东散处四方，每届开会，到者甚稀。西人目为自弃权利。大约官僚附股，讳莫如深！"

3月29日，汉冶萍公司召开特别股东大会，被选为总理，会后又被选为董事会会长(此前公司董事长为赵凤昌)。

3月30日，致民报馆向搆甫函："弟与中山先生情谊甚好，旧事不宜重提，务祈格外留意。"

4月22日，致梁启超函："汉冶萍中日合办，非由弟主，而实由弟挽救。近已有人代为昭雪"。

5月11日，复郑观应函：阁下系招商局"创始伟人"，能仍入董事会方于大局有益，"因董事非正大光明热心熟手，难期收效"，故极力帮助郑当选，当郑当选董事缺少权数时，立即送上四百三十权。

6 月 22 日，招商局开股东大会选举董事会，杨士琦为会长，盛副之。郑观应亦当选为董事。这样，既平衡了与袁世凯的关系，也缓和与粤帮的矛盾。

1914 年

1 月，拟招商局股东致董事会函：自甲申年（1884 年）起至癸卯年（1903 年）止，余利及房产、轮船、地产等，不下二千万两之数。至辛亥以后仅有一千六七百万两，遭时多故，生业萧条，固时势之适然，亦未尝非经理者之未能尽善也。

9 月 26 日，致外交总长孙宝琦函，要他警惕日本侵略。第一次世界大战爆发，日本对德宣战，乘机向德国势力范围的山东进军，乃告孙云："惟望欧战早停，中立不致败坏。近邻不怀好意，触之即动，似宜小心。"对于日本控制的汉冶萍公司，提出"以外债图扩充，以铁价还日款，以轨价充经费"的方针。

是年，同意股东、董事们提出的官商合办汉冶萍公司的意见，并积极进行。但由于日本帝国主义的干预，1915 年 1 月，日本向袁世凯提出了"二十一条"，坚持汉冶萍"中日合办"，而未能成功。

1915 年

1 月，日本帝国主义向袁世凯政府提交灭亡中国的"二十一条"，其中第三条规定："汉冶萍公司中日合办，附近矿山未经公司同意不准他人开采"。名为"中日合办"，实为日本独占，以实现其多年处心积虑吞并汉冶萍公司的阴谋。

3 月 6 日，正金银行驻北京董事小田切电告盛宣怀，"中日合办"汉冶萍公司，"所享之益尤大"，力请盛同意。

3 月 28 日，复电小田切，以股东们反对"中日合办"和"各国效尤"为理由，拒绝名为"中日合办"汉冶萍公司实为吞并的妄图。

春夏间，为了既不"中日合办"，又能把汉冶萍维持下来，同意由梁士诒、孙多森所办的"通惠实业公司"出面发行实业债票等办法，维持汉冶萍公司。

冬，病益重，不能起床，也不能管事。

1916 年

4 月 27 日，在上海病逝。终年七十三岁。

参考资料

[1]胡政：《招商局珍档》，中国社会科学出版社 2009 年版。

[2]中国史学会：《中国近代史资料丛刊：洋务运动》，上海人民出版社 1962 年版。

[3]夏东元：《盛宣怀传》，四川人民出版社 1988 年版。

[4]徐润：《徐愚斋自叙年谱》，江西人民出版社 2012 年版。

[5]刘广京：《英美在华航运竞争：1862—1874 年》，上海社会科学院出版社 1988 年版。

[6]台湾"中央研究院"近代史研究所：《海防档》，台湾"中央研究院"近代史研究所 1957 年版。

[7]顾廷龙、戴逸：《李鸿章全集》，安徽教育出版社 2008 年版。

[8]易惠莉：《中国第一代实业家盛宣怀》，《江苏文史资料》编辑部 1994 年版。

[9]赵德馨：《张之洞全集》，武汉出版社 2008 年版。

[10]吴伦霓霞、王尔敏：《盛宣怀实业函电稿》（下），台湾"中央研究院"近代史研究所 2005 年版。

[11]台湾"中央研究院"近代史研究所：《矿务档》，台湾"中央研究院"近代史研究所 1974 年版。

[12]湖北省档案馆：《汉冶萍公司档案史料选编》（上），中国社会科学出版社 1992 年版。

[13]易惠莉：《易惠莉论招商局》，社会科学出版社 2012 年版。

［14］陈旭麓、顾廷龙、汪熙：《汉冶萍公司》，上海人民出版社 1986 年版。

［15］王树楠：《张文襄公全集》，文海出版社 1963 年版。

［16］宓汝成：《中国近代铁路史资料：1863—1911》，中华书局 1984 年版。

［17］北京大学历史系近代史教研室：《盛宣怀未刊信稿》，中华书局 1960 年版。

［18］苑书义等：《张之洞全集》，河北人民出版社 1998 年版。

［19］张秉铎：《张之洞评传》，中华书局 1972 年版。

［20］李廷江：《日本财界与辛亥革命》，中国社会科学出版社 1994 年版。

［21］盛承懋：《盛氏家族·苏州·留园》，文汇出版社 2016 年版。

［22］盛承懋：《盛宣怀与"中国的十一个第一"》，西安交通大学出版社 2016 年版。

［23］盛承懋：《盛宣怀与湖北》，武汉大学出版社 2017 年版。

［24］盛承懋：《中国近代实业家盛宣怀——办实业走遍天下》，天津大学出版社 2018 年版。

［25］盛承懋：《盛宣怀与汉冶萍》，武汉大学出版社 2018 年版。

［26］盛承懋：《盛宣怀与晚清招商局和电报局》，社会科学文献出版社 2018 年版。

［27］王东：《盛宣怀与晚清中国的电报事业（1880—1902）》，华东师范大学 2012 年硕士学位论文。

［28］王珏麟：《朱其昂兄弟：民族保险的启蒙与践行》，《中国保险报》2014 年 10 月 17 日。

［29］姚庆海、朱华雄：《探寻中国近现代保险思想脉络》，《中国保险报》2018 年 2 月 19 日。

［30］吴越、杜伯儒：《关于保险招商局有关疑问的查证》，《上海保险》1989 年第 12 期。

[31] 韩永兴、周宝银：《1883 年金融风潮与徐润房地产失败分析》，《南昌高专学报》2010 年第 5 期。

[32] 刘平：《上海钱庄业与清末金融风潮》，《金融文化》2009 年 10 月 30 日。

[33] 金延铭：《盛宣怀在烟台》，《烟台文史》创刊号。

[34] 王珏麟：《盛宣怀的保险足迹》（上），《中国保险报》2017 年 10 月 13 日。

[35] 陈明杰：《盛宣怀与华盛纺织总厂》，《长春工业大学学报（社会科学版）》2007 年 12 月。

[36] 王东：《甲午战前中朝关系与朝鲜电报线的建设》，《史学月刊》2016 年第 6 期。

[37] 兰日旭：《盛宣怀与中国通商银行的均衡用人之策》，《中国保险》2011 年第 18 期。

[38] 吴剑杰：《官倡民办，始克有成——张之洞与汉冶萍》，第一届汉冶萍国际学术研讨会论文集。

[39] 朱荫贵：《试论汉冶萍发展与近代中国资本市场》，第一届汉冶萍国际学术研讨会论文集。

[40] 李海涛、欧晓静：《清末明初汉冶萍公司与八幡制铁所的利益博弈》，第一届汉冶萍国际学术研讨会论文集。

[41] 张实：《盛宣怀与萍乡广泰福》，《湖北理工学院学报（人文社会科学版）》2016 年第 1 期。

[42] 黄领：《张赞宸开创萍乡煤矿的伟大实践及意义》，第二届汉冶萍国际学术研讨会论文集。

[43] 张庆锋：《论盛宣怀与卢汉铁路筹款》，《河南大学学报（社会科学版）》2005 年第 2 期。

[44] 龚建玲：《清末发行的沪宁铁路债券》，《世界轨道交通》2005 年第 3 期。

[45] 黄文：《晚清沪杭甬铁路对英借款刍议》，《牡丹江师范学院学报

（社会科学版）》2007 年第 4 期。

［46］王亮停：《张之洞和盛宣怀在粤汉铁路及铁路借款上的恩怨》，《邯郸职业技术学院学报》2015 年第 1 期。

［47］李海涛：《清末明初汉冶萍公司资金结构变迁研究》，第二届汉冶萍国际学术研讨会论文集。

［48］李江：《汉冶萍公司股票研究》，第二届汉冶萍国际学术研讨会论文集。

［49］雷儒金、尚平：《浅谈汉冶萍公司的民族性及其成败的现代启示》，第二届汉冶萍国际学术研讨会论文集。

［50］韩晶：《晚清中国电报局研究》，上海师范大学 2010 年博士学位论文。

［51］刘桔红：《晚清华侨投资国内地区综合开发》，厦门大学 2017 年硕士学位论文。

［52］宁汝晟：《盛宣怀与武昌起义爆发后的上海金融救济》，《历史教学》2017 年第 3 期。